KB058583

버블 경제학

THE SUBPRIME SOLUTION

How Today's Global Financial Crisis Happened, and What to Do about It

경제 위기의 시발점, 부동산 버블의 구조를 이해하는 법

버블 경제학

Subprime
Solution

로버트 쉴러Robert J. Shiller 지음

정준희 옮김 | 장보형 감수

알에이치코리아

자산 가격의 버블이 반복되고 있다

김영익(서강대 경제대학원 교수)

사회적 전염으로 인한 버블의 발생과 붕괴

로버트 쉴러 교수는 미국의 2000년 주식시장 버블과 2008년 부동산 버블의 원인을 정확히 진단하고 붕괴를 예측하며 명성을 얻었다. 그는 주식과 부동산의 버블을 '사회적 전염'으로 설명하고 있다. 사회적 전염이 작동하는 방식은 이렇다. 자산 가격이 오르면 주요 언론은 새로운 시대가 도래했다는 보도를 쏟아낸다. 투자자들은 이를 새로운 기회라 여기고 시장에 적극적으로 참여한다. 쉴러 교수는 1880년에서 1887년에 있었던 캘리포니아주의 부동산 버블을 사회적 전염으로 인한 버블의 대표적인 예로 제시했다. 당시 언론들은 캘리포니아의 살기 좋은 기후와 아름다운 경치를 끊임없이 극찬했다. 그러나 1888년 버블은 심각하게 붕괴되었다. 2000년에서 2006년까지의 미국 주택가격 급등도 사회적 전염에서 비롯했다. 그리고 이 시기의 버블 붕괴는 미국뿐만 아니라 전 세계 경제에 심각한 손실을 초래했다.

주식시장에서도 사회적 전염에 의해 버블이 발생했다가 꺼지는 현상이 반복되었다. 1990년대 후반 정보통신 혁명으로 거의 모든 산업에서 생산성이 향상되면서 미국경제는 고성장과 저물가를 동시에 달성했다. 이를 언론들이 '신경제New Economy' 혹은 '골디락스 경제Goldilocks Economy'라 부르면서 연일 새로운 시대가 도래했다는 기사를 실었다. 투자자들은 이런 기사들을 믿고 주식시장에 적극적으로 참여했다. 그 결과 나스닥 시장에서 엄청난 버블이 발생했고, 이내 붕괴하였다. 1994년 말 752였던 나스닥 종합주가지수가 2000년 2월 말에는 4,697로 6.2배나 급등했다. 그러나 2001년 9월에는 이 지수가 1,172로 75퍼센트나 떨어졌다. 2020~2021년 한국 주식시장에 있었던 이른바

'동학 개미 운동'도 사회적 전염의 한 예가 될 수 있을 것이다.

버블의 역사는 반복된다

앞서 살펴본 것처럼 2000년에 주식시장에서, 2008년 부동산시장에서 버블이 붕괴하였다. 그리고 최근에는 두 시장에서 동시에 버블이 발생했다가 붕괴하고 있다. 그 원인과 과정을 미국과 한국을 중심으로 살펴보자.

2000년대 들어 세계경제는 두 번의 큰 위기를 겪었다. 하나는 2008년 미국의 주택시장 버블 붕괴로 시작되었던 금융 위기이다. 이 위기가 전 세계로 확산하면서 2009년 세계경제는 1980년 이후 처음으로 마이너스 성장(IMF 기준으로 마이너스 0.1퍼센트)을 했다. 다른 하나는 2000년 코로나19에 따른 심각한 경기침체였다. 2020년 세계경제가 마이너스 3.1퍼센트 성장했는데, 이는 1930년대 대공황 이후 처음 경험한 경기침체였다.

세계는 두 번의 경제 위기를 과감한 재정 및 통화정책으로 극복했다. 2010년 세계경제는 5.4퍼센트 성장했고, 그 이후에도 2019년까지 평균 3.7퍼센트라는 비교적 높은 성장을 달성했다. 2021년에도 세계경제가 6퍼센트 성장하면서 코로나19 위기를 빠르게 벗어났다.

그러나 이 과정에서 세계 각 경제 주체의 부채가 크게 증가했고, 거의 모든 자산 가격에 버블이 발생했다. 국제결제은행^{BIS}에 따르면 2008년 세계 국내총생산^{GDP} 대비 266퍼센트였던 민간과 정부 부채가 2020년에는 400퍼센트로 대폭 증가했다. 선진국에서는 GDP 대비 정부 부채 비율이 76퍼센트에서 135퍼센트로 급증했다. 신흥국의 경우 기업 부채가 GDP 대비 59퍼센트에서 121퍼센트로 2배 이상 증가했다. 한국을 포함한 일부 국가에서는 가계 부채가 크게 늘었다. 경기 회복과 인플레이션으로 명목 GDP가 증가하면서 2022년 2분기에는 세계부채가 336퍼센트로 낮아졌지만, 여전히 2008년 수준을 훨씬 넘어서고 있다. 한국의 경우 2008년에서 2020년 사이에 GDP 대비 부채 비율이 189퍼센트에서 257퍼센트로 증가했다. 2020년 이후 세계 부채 비율이 줄어들고 있지만, 2022년 2분기 한국의 부채 비율은 267퍼센트로 여전히 증가 추세에 있다.

채권시장에서의 버블 붕괴

또한 각종 자산 가격에서 버블이 발생했다 붕괴하고 있다. 2008년 글로벌 경제 위기와 2020년 코로나19 위기를 극복하는 과정에서 각국 중앙은행은 금리를 대폭 내리고 통화 공급을 크게 늘렸다. 이에 따라 각국에서 마샬케이$^{Marshallian\ k}$가 급증했다. 마샬케이는 광의통화^{M2}를 명목 GDP로 나눈 것으로 실물경제에 비해서 통화량이 상대적으로 얼마나 많은가를 나타내는 지표이다. 특히 미국에서 마샬케이가 크게 늘었는데, 2020년 2분기에 0.91로 2019년 말(0.70)보다 29.1퍼센트나 증가했다.

각국 중앙은행의 과다한 통화 공급으로 채권시장에서 먼저 버블이 발생했다. 2020년 8월에는 미국의 10년 국채수익률이 0.53퍼센트까지 떨어지면서 사상 최저치(채권 가격은 사상 최고치)를 기록했다. 한국 10년 만기 국고채수익률도 2020년 3월에는 1.26퍼센트로 역시 사상 최저치까지 떨어졌다.

그러나 인플레이션을 억제하기 위한 각국 중앙은행의 급격한 금리 인상과 더불어 국채수익률이 급등했다. 미국 연방준비제도는 2022년 3월 0.00~0.25퍼센트였던 연방기금금리 목표 수준을 12월에는 4.25~4.50퍼센트로 인상했다. 이에 따라

2022년 10월에는 미국의 국채수익률이 4.23퍼센트까지 상승했다. 장기적으로 미국의 10년 국채수익률은 명목 GDP 성장률과 유사한 수준을 보였다. 실제로 1970년에서 2021년 사이에 국채수익률과 명목 GDP 성장률은 각각 평균이 6.1퍼센트와 6.2퍼센트였다. 미국 의회예산국은 미국의 잠재 명목성장률을 4퍼센트 안팎으로 추정한다. 최근 금리가 그 수준 이상으로 상승했던 것을 보면 채권 시장에서는 버블이 거의 해소되었다.

한국의 경우 지난 21년간(2000~2021) 10년 국채수익률은 평균 3.9퍼센트로 명목 GDP 성장률 5.7퍼센트보다 낮았다. 필자가 추정하기로 현재 한국의 잠재 명목성장률은 3퍼센트 정도이다. 그런데 2022년 10월에 이 수익률이 4.63퍼센트까지 급등했고 12월에는 3.5퍼센트 안팎에서 안정되고 있다. 국채수익률이 적정 수준으로 가는 과정이다. 이로 미뤄보면 한미 채권시장에서는 버블이 거의 해소되었다고 볼 수 있다.

주식시장의 버블 붕괴 과정

주식시장에서도 버블이 발생했다 붕괴하는 과정이 전개되고 있다. 주식시장에서는 적정 수준을 판단하는 하나의 지표로 시가총액을 명목 GDP로 나눈 이른바 '버핏지수'를 사용하고 있다. 미국의 경우 전체 주식시장 시가총액을 기준으로 하면 2021년 말 버핏지수가 334퍼센트로 역사상 최고치를 기록했다. 지난 22년(2000~2021) 평균이 186퍼센트였던 것을 고려하면 지나치게 높은 수준이다. 2022년 3분기에는 235퍼센트로 낮아졌지만, 아직도 과거 평균에 비해서는 높은 수준이다.

미국 가계 금융자산 가운데 주식 비중도 2021년 4분기에는 54퍼센트로 사상 최고치까지 올라갔다. 2000년 정보통신 버블과 2008년 금융 위기 이전에는 47~48퍼센트 정도였다. 그만큼 주가가 많이 올랐다는 의미이다. 2022년 3분기에는 주식 비중이 50퍼센트로 낮아졌다. 그러나 2000~21년 장기 평균인 43퍼센트를 훨씬 웃돌고 있다. 쉴러 교수가 주장한 '사회적 전염'이 주식시장 버블을 초래했던 것으로 보인다.

한국의 경우 코스피 시장 기준으로 보면 2021년 말 버핏지수가 106퍼센트로 지난 22년 장기 평균인 69퍼센트를 훨씬 웃돌았다. 그러나 2022년 말에는 83퍼센트로 낮아진 것으로 추정된다.

물론 다른 경제변수로 보면 코스피는 저평가 영역에 들어서고 있다. 코스피와 상관관계가 가장 높은 경제변수는 일평균 수출금액이다. 2005년 이후 통계로 분석해보면 두 변수 사이의 상관계수가 0.86으로 매우 높게 나타났다. 2021년 4월에는 코스피가 일평균 수출금액을 41퍼센트나 과대평가했었다. 그러나 3300을 넘어섰던 코스피가 최근에는 2155까지 하락하면서 저평가 영역에 들어섰다. 2022년 9월 기준으로 보면 코스피가 일평균 수출금액을 22퍼센트나 과소평가하고 있다. 세계 경제 성장 둔화로 10월부터 우리 수출 증가율이 마이너스로 돌아섰다. 이를 반영하더라도 코스피는 지나치게 저평가되었다.

유동성을 고려해도 코스피는 적정 수준 이하로 떨어졌다. 광의통화M2는 유동성을 나타내는 대표적 지표 가운데 하나이다. 2005년 1월에서 2022년 6월까지 코스피 시가총액이 M2에서 차지하는 비중이 평균 58퍼센트였다. 2021년 6월에는 이 비중이 68퍼센트까지 올라갔다. 그러나 2022년 9월은 46퍼센트로 과거 평균치보다 22퍼센트 낮아졌다.

버블 붕괴 초기에 진입한 주택가격

2008년 미국의 금융 위기는 주택가격의 급등과 급락 과정에서 발생했다. 2000년 1월과 2006년 4월 사이에 20대 도시 주택가격이 105퍼센트 상승했다. 이 시기에 미국 가계는 돈을 빌려서 집을 샀고 집값 상승으로 소비를 늘렸다. 금융회사들은 집을 담보로 빌려준 돈으로 다양한 파생상품을 만들어 팔았다. 그런데 2006년 하반기 들어 집값이 급락하면서 가계와 금융회사가 부실해지면서 금융 위기의 원인이 되었다.

2012년 3월부터 2022년 6월까지 20대 도시 주택가격이 132퍼센트나 상승했다. 같은 기간의 소비자물가상승률(29퍼센트)이나 가처분소득(49퍼센트)보다 훨씬 더 빠르게 상승했다. 주택가격에 버블이 발생한 것이다. 2022년 6월을 정점으로 10월까지 주택가격이 4퍼센트 하락했다. 이제 버블이 붕괴하는 초기로 볼 수 있다.

한국 집값에도 거품이 발생했다 꺼지고 있는 과정이 전개되고 있다. KB국민은행이 발표하는 월간주택가격 동향에 따르면 전 도시 아파트 가격이 2009년 3월을 저점으로 2022년 6월까지 75퍼센트 상승했다. 그러나 2022년 6월을 정점으로 대구에서 시작된 아파트 가격 하락세는 서울 강남까지 확산하고 있다.

문제는 하락 기간과 하락 폭에 있을 것이다. 이를 보기 위해서는 그동안 주택가격이 경제 기본여건을 얼마나 과대평가했는지를 살펴볼 필요가 있다. 주택가격 버블 정도를 판단하는 지표는 소비자물가, 소득, 주택임차료 등이 있다. 2009년 3월부터 2022년 6월까지 전 도시 주택가격이 59.6퍼센트, 아파트 가격은 75.1퍼센트 상승했다. 같은 기간 소비자물가가 29.4퍼센트 상승한 것을 고려하면 집값이 물가에 비해서 너무 빠른 속도로 상승했다는 것을 알 수 있다.

다음으로 소득을 기준으로 집값의 과대평가 여부를 판단하는 지표인 'PIR^Price to Income Ratio(가구소득 대비 주택가격 비율)'이 있다. 2021년 말 전국 PIR은 7.6이었다. 2008년에서 2021년 평균인 5.5보다 39.3퍼센트 높았다. 특히 서울의 경우는 그 정도가 심하다. 2021년 서울 중간소득 가구의 경우 PIR이 19.0이었다. 이는 서울 중간소득을 가진 가구가 19년 동안 번 소득을 하나도 쓰지 않아야 중간 가격에 해당하는 집을 살 수 있다는 의미이다. 2022년 9월 서울 PIR이 17.7로 낮아졌지만, 아직도 2008~2021년 평균인 12.0보다 46.3퍼센트나 높은 상태이다.

마지막으로 주택가격 버블 여부를 판단할 수 있는 지표가 월

세에 비해서 주택가격이 얼마나 상승했는가를 나타내는 'PRR^Price to Rent Ratio(주택임차료 대비 주택가격 비율)'이다. 여기서 주택임차료는 통계청이 작성하는 소비자물가지수의 한 구성 요소를 사용했다. 2022년 6월 전국 PRR이 131.3으로 1986~2021년 장기평균(100)을 31.3퍼센트나 넘어섰다. 특히 아파트 가격은 장기 평균에 비해서 58.9퍼센트나 과대평가되었다.

소비자물가, 소득, 주택임차료 등을 기준으로 평가해보면 집값이 30~40퍼센트 정도 과대평가 된 셈이다. 앞으로 2~3년에 걸쳐 그 정도는 떨어질 수 있다는 의미이다. 쉴러 교수는 주택시장은 한 방향으로 상당 기간 움직이는 경향이 있기 때문에 주가보다는 집값 예측이 더 쉽다고 했다. 집에 대한 사고의 전환이 필요한 시기도 오고 있다. 그동안 집값을 떠받쳤던 소득 증가 속도가 둔화하고 가구 수마저 감소하는 시대(서울의 경우 2031년)가 다가온다. 집값이 지속적으로 상승했던 이전과는 다른 시대가 올 수도 있다는 이야기이다.

버블 위기를 금융 민주주의의 기회로

쉴러 교수는 버블을 사회적 전염과 같은 '시장의 잘못된 신뢰'의 결과라 보고 있다. 그는 버블이 붕괴되면 경제뿐만 아니라 사회 구조에 심각한 손상을 초래한다고 주장한다. 1929년 미국에서 주식시장 버블 붕괴는 경제적으로 대공황을 초래했으며, 사회적으로 인종 차별과 국수주의를 심화시켰다. 이번에도 주식과 주택 시장의 버블 붕괴로 2023년 세계경제가 극심한 침체에 빠질 수도 있다.

그러나 다른 측면에서 버블 붕괴는 각종 금융제도를 정비하는 등 금융 강화의 기회를 주었고 금융이 장기적으로 성장하는 데 크게 기여했다. 버블이 붕괴된 후에는 부를 늘릴 수 있는 또 다른 기회가 오기도 했다. 예를 들면, 저소득층이나 서수 계층에게도 주택 보유의 기회가 생기기도 했다.

쉴러 교수는 '금융 민주주의financial democracy'를 주창하고 있다. 금융을 잘 활용하면 금융이 모든 사람을 부자로 만들어줄 수 있는 수단이 될 수 있다는 것이다. 그는 금융 민주화의 구체적인 방법들을 제시하고 있는데, 1)모두를 위한 재무 상담서비스, 2)소비자를 위한 금융 감시기구, 3)디폴트옵션 금융 계약, 4)접근성 높은 금융정보 공시, 5)통합금융 데이터베이스, 6)물가연동 기축통화, 7)부동산 선물시장 등이다. 이러한 제도가 잘 갖춰지면 모든 사람이 금융으로 부를 늘릴 수 있는 금융 민주주의가 가능해진다는 것이다.

최근 또다시 주식시장에서 버블이 붕괴되고 있다. 역사적으로 버블 붕괴 시기에 자본을 많이 가지고 있는 부자가 자산을 싼 가격으로 사서 더 많은 돈을 더 벌었다. 결국 지금까지는 버블 붕괴 이후 부의 격차가 더 확대되었다. 붕괴 후 주식 가격은 다시 장기 추세를 따라 상승한다. 버블 붕괴 시기를 잘 활용하면 모두가 금융으로 부자가 되는 금융 민주주의를 달성할 수 있을 것이다. 다가올 그 기회를 잘 활용해야 할 것이다.

서브프라임 블루스를 넘어 금융 민주주의로[*]

장보형(하나금융경영연구소 연구위원)

서브프라임 비극과 사회구조적 위기

2008년, 미국에서부터 시작된 서브프라임 사태는 세상 사람들을 순식간에 공황 상태로 만들었다. 여전히 그 폭풍의 여진을 내포한 채 2009년 현재, 우리 모두의 위기는 세계경제의 내부에 침잠해 있는 중이다. 어느새 진부하게 느껴질 정도로 사람

• 본 감수의 글은 2009년 출간된 《버블 경제학》(구간)에 게재된 것입니다.

들의 가벼운 대화 소재가 되어버린 '서브프라임'이라는 용어는, 21세기 최초 글로벌 금융 위기의 상징으로 우리의 기억 저장고 속에 오랫동안 담겨 있게 될 것이다. 북경을 배회하는 나비 한 마리의 날갯짓이 지구 반대편 미 동부 연안에 허리케인을 몰고 온다는 이야기처럼, 이번 사태에서는 미국 내 부동산 시장의 부실이라는 어쩌면 소소하고 국지적일 수 있는 파문이 끝내 세계 경제 전반을 뒤흔든 거대한 쓰나미로 발전했다. 현대 금융 혁신의 미명 아래 자행된 각종 위험에 대한 맹목적인 태도가 세계 구석구석으로 확산된 결과, 현재도 그리고 앞으로도 꽤 오랫동안 전 세계는 호된 대가를 치를 것으로 보인다.

이런 맥락에서 서브프라임 위기를 가깝게는 1990년대 일본의 '잃어버린 10년', 멀게는 인류 사상 최악의 경제 참사로 간주되는 1930년대 세계 대공황에 견주는 시각이 일반적이다. 더욱 중요한 것은 이 위기가 이내 끝날 단막극이 아니라 "복잡한 장막극의 1장"에 불과하다는 점이다. 다시 말해 단순한 경제 위기가 아니라 근본적인 사회 변화를 초래할 역사적 전환점이라는 것이다. "이제 우리는 지금까지와는 약간 다른 방식으로 생활하고, 약간 다른 방식으로 서로를 대하게 될 것이다." 그동안 익숙했던 세상 자체가 이미 '루비콘 강'을 건너갔기 때문이다. 대다

수 사람들이 이번 위기로 인해 경제성장률이 얼마나 감소할지, 투자수익률은 어떻게 될지 따위에 관심을 집중하고 있는 것과는 차원이 다르다.

새천년 초 세계 주식시장 버블 붕괴 직전,《비이성적 과열》*이라는 책을 통해 주식시장 버블의 위험을 경고하여 주목을 끌었던 로버트 쉴러 교수(미국 예일대학)는, 이제 서브프라임 비극을 단순히 부동산 버블의 붕괴라는 경제적 참사로서만이 아니라 이처럼 광범위한 사회구조적 위기라는 관점에서 접근한다. 그의 표현을 빌리자면, "사회구조는 측정하기가 매우 어려워서, 더욱 사소하고 덜 개별적인 세부 요소들에 밀려 간과되기 쉽다. 하지만 사회구조가 크게 흔들리면 본질적으로 경제구조가 불안해지기 때문에", 지금의 경제불황에 대처하려면 사회구조가 관심의 초점이 되어야 한다는 것이다. 특히 그는 이번 사태의 함의와 관련해 (경제와 금융시장의 작동 원리에 대한 오해에 기반한)

• 로버트 쉴러, 《비이성적 과열》, 이강국 옮김, 알에이치코리아, 2014. 원본은 2000년 미국에서 처음 발간되었고 이후 2005년 2판, 2016년 3판 개정판이 발간되었다. 한편 '비이성적 과열'이라는 표현은 'irrational exuberance'를 번역한 것인데, 1996년 앨런 그린스펀 전前 연준 의장이 당시 미국 주식시장의 버블 가능성을 환기시키며 이 표현을 사용해 관심을 끌었다. 주로 투자자들의 비합리적인 낙관론을 지칭하는 표현인데, 쉴러 교수는 당초 자신이 이 표현의 진정한 창안자라며 저작권을 문제 삼기도 했다.

'잘못된' 경제정책의 폐해에 주목하며, 1차 세계대전 패전국 독일에 과도한 배상금을 청구하여 2차 세계대전의 불씨가 된 '베르사유 조약의 파괴적 효과'를 환기시키기도 했다.

부동산 버블과 투기적 버블의 심리학

이번 위기는 기본적으로 미국, 아니 전 세계적인 부동산 버블의 붕괴에서 비롯된 것이다. 사실 서브프라임 모기지 시장 과열로 대변되는 미국 부동산시장의 버블은 전 세계적으로 유사한 증상을 낳았다. 우리나라 부동산시장도 다르지 않을 것이다. 일반적인 금융시장과 달리 '입지' 등과 같은 현지 토착성이 가장 강하다고 평가되는 부동산시장의 이와 같은 세계적인 동시 버블은 어디서 비롯된 것일까? 이에 대해 쉴러 교수는 "시장심리의 전염력"에 관심을 환기시킨다. 즉, "시장심리에 기름을 붓는 이야기들의 포괄적인 특성 때문에 국경이 아무런 의미가 없는 전염력" 말이다. 이를 이해하기 위해서는 그의 버블 이론, 즉 '투기적 버블speculative bubble 이론'에 관심을 가질 필요가 있다.

쉴러 교수는 1990년대 말의 주식시장 버블을 투기적 버블의 전형적인 예로 간주한다. 투기적 버블은 실제 가치가 아니라 주로 투자자의 '비이성적 과열 irrational exuberance'에 의해 일시적으로 가격이 상승하고 유지되는 현상을 의미한다. 이로써 가격은 이른바 펀더멘털과 크게 유리되는 행태를 보인다. 버블에 대한 쉴러의 이러한 이해는 시장의 지배적인 이론인 '효율적 시장 가설'과 크게 대치된다. 효율적 시장 가설은, 시장가격 수준이 모든 경제적 정보의 총합과 같다고 본다. 따라서 매 시점의 시장가격은 가장 효율적이며 합리적이다. 하지만 금융시장의 반복적인 버블과 붕괴를 이렇게 시장의 자기효율성에 내맡기는 것처럼 무모한 일은 없어 보인다. 버블과 붕괴 과정에서 수많은 사람들의 재산이 날아가고 경제나 사회 전반 구석구석에 광범위한 악영향이 초래되고 있음을 감안한다면 말이다.

21세기의 부동산 버블은 부동산시장이 이와 같은 투기적 버블에 감염된 결과다. 투기적 버블은 가격을 매개로 수요와 공급이 상호 작용하는 피드백 메커니즘을 지닌다. 가격이 올라가면서 수요가 늘고 이를 이용한 자금 조달, 즉 공급도 늘어나는 것이다. 주가나 부동산가격 상승의 선순환은 이에 따른 것이다. 반대로 가격 하락은 추가적인 가격 하락의 악순환을 낳는다. 이로 인해 이제 전통적인 시장 수요공급 이론, 즉 가격이 올라가면 수요가 줄고 가격이 떨어지면 수요가 느는 식으로 작용하는 시장의 자기조정 메커니즘이 들어설 여지는 없어진다. 오히려 그 악명 높은 폰지나 피라미드 사기처럼, 가격 상승이 가격 폭등을 낳는, 반대로 가격 하락이 가격 급락을 낳는 '증폭 메커니즘'이 자리 잡게 된다.

여기서 우리는 이러한 가격 변동의 증폭 메커니즘 배후에 서려 있는 심리적 요인을 이해하는 것이 중요하다. 이를 쉴러 교수는 '투기적 버블의 심리학'이라고 규정한다.* 이에 대한 고전적인 예는 케인스의 '미인 선발 대회'다. 이때 선발 기준은 자기가 가장 미인이라고 생각하는 사람을 뽑는 게 아니라 많은 사람들이 미인이라고 생각하여 가장 당선 가능성이 높은 여성을 선발하는 것이다. 따라서 각종 권위자들의 논평이나 미디어의 관심, 지인들의 추천 등이 선발 기준이 된다. 소위 '군중심리'가 판치는 것은 이 때문이다. 쉴러 교수는 군중심리를 "시대정신^{Zeitgeist}"으로 접근한다. 1990년대 말 '인터넷 혁명' 혹은 '신경

• 사실 쉴러 교수는 가격 행태나 경제적 행위의 배후에 있는 심리적 요인에 지대한 관심을 보이며, 이를 합리적 기대 가설이나 효율적 시장 가설을 대체할 결정적인 고리로 간주하고 있다. 이런 맥락에서 그는 노벨경제학상 수상자인 조지 애커로프 교수와 함께 거시경제학의 새로운 패러다임이라고 할 수 있는 "야성적 충동$^{animal\ spirits}$"에 초점을 맞춘 저서를 출간한 바 있다. 조지 애커로프, 로버트 쉴러 공저, 《야성적 충동》 김태훈 옮김, 알에이치코리아, 2009.

제 패러다임'이 단적인 예다. 이번에는 인구성장이나 자원 제약 등을 이유로 '부동산 불패 신화'가 번졌다. 이제 투자는 더 이상 삶의 목표를 달성하기 위한 수단이 아니라 그 자체로 삶의 목표가 되고 있다. 오늘날 온 국민에게 강요되는 '재테크 열풍'은 이런 각도에서 되짚어볼 필요가 크다.

리스크 회피 대(對) 리스크 감수

따라서 쉴러 교수는 주식시장이나 주택시장의 제도적 토대를 재구축해야 한다고 역설한다. 버블과 붕괴의 파괴적인 메커니즘이 함부로 작동할 만한 소지를 제거하고, 그럼으로써 현대 금융시장의 순기능을 확대, 발전시켜야 한다는 것이다. 그런데 후자의 테마, 즉 현대 금융(시장)의 순기능에 주목하는 그의 시각은 상당히 아이러니해 보인다. 정작 지금 쟁점은 부동산 버블 과정에서 금융의 과잉 혹은 남용이 문제 아닌가?

실제로 많은 전문가들이 서브프라임 사태의 근저에는 부동산시장의 금융화가 자리 잡고 있다고 지적한다. 사실 서브프라임 시장의 급속한 성장 자체가 현대 금융 혁신의 발전과 그에 따른 리스크 관리 능력의 향상에 따른 결과다. 하지만 그 과정에서 각종 복합파생금융상품이나 구조화투자기구^{SIV} 등과 같은 그림자 금융이 독버섯처럼 자라나면서, 각종 금융 규제의 허점을 이용해 고^高레버리지하에 고수익을 도모하는 '통제 불가능한 프랑켄슈타인'을 창조한 것이다. 이런 가운데 이제 금융의 과도한 팽창을 청산하고 기본으로 돌아가야 한다는 목소리가 힘을 얻고 있다. 이른바 "Back to the Basics" 말이다. '현대 금융의 전위^{前衛}' 투자은행 모델의 붕괴는 이를 상징한다고 할 수 있다.

하지만 이와 같은 금융 과잉에 대한 우려의 근저에는 금융에 대한 막연한 증오 내지 불안감이 자리 잡고 있다. 다시 말해 금융이 모든 악의 근원이며, 따라서 금융을 억압해야 한다는 논리가 내재해 있다.

실제로 이번 금융 위기를 계기로 '금융=권력'을 중심으로 한 각종 음모론이 널리 확산되고 있다. 현실적으로도 지금 대중의 분노를 등에 업고 미국 등지에서 "금융 엘리트와의 임금 전쟁"이 확산되면서 이러한 기류를 더욱 부추기고 있다. 과거 "금리생활자의 안락사"를 요구한 케인스도 이와 멀지는 않을 것이다. 물론 민생을 내팽개친 채 무분별한 고수익·고위험 추구로 자기 배만 불려온 이들에 대한 제재는 당연한 일이다. 그러나 지나친 포퓰리즘적 대응은 자칫 더 큰 실기로 귀결될 수 있다. "경제성장의 강력한 엔진"으로서 현대 금융이 구가해온 많은 성과를 원천무효화하는 것은 흡사 (그린스펀의 경고처럼) "목욕물을 버리려다 자칫 아이까지 같이 버리는 꼴"이 될 수 있다.

쉴러 교수는 이번 위기에 대한 대응은 '리스크 회피'가 아니라 보다 적극적인 '리스크 감수'로 풀어야 한다고 주장한다. 본래 금융이라는 것은 리스크 관리를 생명으로 한다. 지금 세간에서 집중적인 비난을 받고 있는 금융공학이라는 것도 실은 "무모한 투자자들을 현혹시키는 장치"라기보다는 "리스크를 분산하고 최소화하기 위한 효과적 수단"으로 고안된 것이다. 리스크 회피는 "우리 사회를 획일화하고 모험심을 질식"시킴으로써 현대 사회의 역동성을 저해할 수 있다. 반대로 현대 경제의 핵심이라고 할 창의적인 기업가정신은 능동적인 리스크 감수, 그리고 이에 따른 '야성적 충동'의 적절한 순치, 즉 리스크 관리를 통해 나오는 법이다. 따라서 쉴러는 "지금의 위기는 날로 정교해지고 있는 금융 인프라인 리스크 관리 제도에 대해 다시 한 번 생각해보고, 개선의 노력을 배로 늘릴 기회"라고 역설한다. 문제는 리스크 관리의 방향, 혹은 현대 금융의 올바른 역할이다.

현대 금융의 제자리 찾기: 금융 민주주의

쉴러 교수는 금융가들의 부정직성이나 탐욕, 그리고 앨런 그린스펀 전前 연준 의장의 저금리정책 등 이번 버블의 원흉으로 지목받는 많은 문제들이 실은 버블의 원인이 아니라 버블이 낳은 소산이라고 지적한다. 본말이 전도된 쟁점이라는 것이다. 대신 그는 세계 금융 위기의 궁극적 원인을 부동산 버블의 심리학에서 찾는다. 그리고 정책 결정가들이나 금융권의 잘못된 행태 모두 실은 버블에 대한 환상 혹은 착각에 기반한 전염 효과의 결과라고 진단한다. 따라서 쉴러 교수는 이러한 버블의 환상을 깨는 한편, 금융을 무분별한 비난의 늪에서 구해내어 올바른 길(?)로 인도하고자 한다. "부자를 탄생시킨 기술을 벌하기"보다 "모든 사람을 보다 부자로 만들어줄 수 있는 강력한 수단"으로서 금융에 주목해야 한다는 것이다.

이러한 접근법은 결국 리스크 관리 혹은 현대 금융의 초점이나 지반 변경을 의미한다. 다시 말해 금융기관 또는 금융 서비스 공급자의 수익 극대화가 아니라, 진정으로 금융 서비스의 소비자 입장에서 "개개인의 삶에 적용된 리스크 관리"로서 금융을 다시 위치시켜야 한다는 것이다. 이때 리스크는 그저 금융기관들이나 투자자들의 입장에서 기대수익의 달성 확률과 관련된 차원이 아니라, 막대한 국민의 복리와 안정이 걸린 경제 및 사회 안정상의 리스크라는 새로운 위상을 지니게 된다. 물론 이 과정에 능동적으로 참여한 금융기관들은 새로운 기회를 누릴 수도 있다. 그러나 여기서 수익 제고는 덤일 뿐이다. 현대 금융의 제자리 찾기인 셈이다. 쉴러 교수는 이를 "금융 민주주의 financial democracy"라는 말로 집약한다. 즉, "금융 혁신의 수혜를 많은 사람들이 공유하게 하고 모든 현대적인 기술을 동원해 건전한 금융 원칙들을 사회 전체로 확대"함으로써 금융을 민주화시켜야 한다는 것이다.

오늘날 세계 위기는 흔히 1930년대 대공황과 비교된다. 이번 위기에 대해 그나마 국제사회가 적극적으로 공조 대응에 나서고 있는 것은 대공황의 학습효과에서 비롯된다고 할 수 있다. 하지만 정작 대공황의 진정한 교훈은 제대로 이해되고 있지 못한 모습이다. 쉴러 교수는 대공황 이후 미국 등 세계 각국의 다양한 정책 대응에 주목하면서, 그 진정한 교훈이야말로 "모든 사람이 효과적으로 금융 기술을 이용할 수 있도록 공공재를 생산함으로써 당시의 금융제도를 민주화시킨 개혁을 초래한 점"이라고 지적한다. 반면 지금은 "주택시장 및 금융시장을 위한 더 나은 환경을 조성할 진정한 제도 혁신"이 결여된 응급 처방 일색이다. 물론 사태의 시급성을 감안할 때 구제금융과 같은 단기적인 신뢰 회복 노력이 불가피한 것은 사실이다. 하지만 쉴러 교수는 여기서 그치지 않고 "지금의 서브프라임 위기와 같은 사건들의 근본적인 원인인 버블이 커지는 것을 막고, 사회 구성원들이 버블로부터 자산을 보다 효과적으로 보호할 수 있는 강력한 위기 관리 제도를 마련해야 한다"고 역설한다. 그 해법은 민주적인 형태로 금융을 더욱 확대, 발전시키는 것이다.

실은 1990년대 미국에서 서브프라임 모기지 시장의 출현이야말로 (비록 원시적인 형태이긴 하지만) 금융 민주주의의 도래를 의미했다. 미국의 저소득층이나 소수 계층에게도 주택 보유의 기회가 열린 것이다. 그에 따른 리스크는 전적으로 금융기관들이나 투자자들이 떠안는 것처럼 보였다. 금융공학의 도움으로 리스크를 분산, 헤지할 수 있게 되었기 때문이다. 하지만 정작 문제는 여기서 터졌다. 이들의 리스크 관리가 결국엔 사상누각沙上樓閣에 불과했던 것이다. 쉴러 교수는 이것이 버블의 심리학에 대한 무지에서 비롯되었다고 진단한다. 그 결과 리스크를 제대로 관리할 수 없었다는 것이다. 이처럼 버블의 심리학에서 시작되어 금융 민주주의로 나아가는 그의 독창적인 관심은 현대 금융의 새로운 길을 열어준다. 실제로 쉴러는 또 다른 저서*에서 "최신 정보기술과 리스크 관리 기법이 무시해온 기본적인 리스크, 즉 우리의 직업이나 가정의 가치에 대한 리스크, 우리 사회의 생명력에 대한 리스크, 그리고 국가경제의 견고성에 대한 리스크를 관리해야 한다"고 촉구한 바 있다.

기본적인 사회계약과 최종 리스크 관리자

쉴러 교수는 이번 위기를 기본적으로 신뢰의 위기로 간주한다. 또 서브프라임 사태에 대한 진정한 해법도 신뢰의 재건에서 찾아야 한다고 본다. 1차 세계대전 직후 베르사유 조약의 악몽

• 로버트 쉴러, 《새로운 금융질서: 21세기의 리스크》, 정지만 외 옮김, 어진소리, 2003. 그 외 거시적 차원의 리스크 관리를 위한 금융시장의 새로운 역할에 주목하고 있는 *Macro Markets: Creating Institutions for Managing Society's Largest Economic Risks*(Oxford University Press, 1993)도 참조. 한편 금융 민주주의에 대한 쉴러의 고민은 웹사이트(http://newfinancialorder. com/)를 통해서도 확인할 수 있다. 사이트 소개 글에도 이러한 고민이 여실히 드러난다. "금융은 거대한 힘을 지닌 기술이다. 이 힘은 국민들을 위해 활용되어야 하며, 모든 국민이 쉽게 이용할 수 있어야 한다. 주식시장과 주택시장의 쌍둥이 버블에 따른 결과로 2007년에 시작된 이번 금융 위기는 금융을 민주화하기 위해 더욱 많은 노력을 기울여야 함을 보여준다. 이번 위기는 금융 리스크 관리의 원칙들이 최대한의 가능한 사람들에게 두루 적용되지 못했기 때문에 발생했다…."

을 인용하여 그가 경고하고 있는 것도 이러한 신뢰 상실에 따른 "시스템적 효과" 때문이다. 1930년대 대공황의 경제적 참사, 나아가 격렬한 노사분규 역시 이러한 신뢰 훼손에서 비롯된 것이다. 따라서 쉴러는 지금의 충격에 따른 트라우마를 최소화하고 시스템 효과를 억제할 리스크 관리 수단, 즉 기본적인 경제 안정화 장치로서 구제금융의 시급성을 역설한다. "불이 났을 때는 당장 불을 끄는 것"이 중요한 법이다.

다만 이러한 구제금융을 그가 지극히 인간적인 행동, 즉 인간애나 형평성 또는 경제정의 차원에서 접근하고 있다는 점에 주목할 필요가 있다. 다시 말해 "지금처럼 금융 시스템이 막다른 골목에 이른 상황에서" 무수히 많은 대중들이 입게 될 피해를 최소화하고 재건의 토대를 닦아줄 "기본적인 사회계약" 차원에서 말이다. 따라서 "지금은 정치적 차이나 정책 차이를 따지고 있을 때가 아니다." 이런 맥락에서 쉴러 교수는 구제금융의 필요성을 2차 세계대전 이후 미국의 유럽 재건 전략, 즉 마셜 플랜에 비유한다. 미국이 전후의 폐허에 휩싸인 "유럽에 준 선물", 마셜 플랜이야말로 레이건의 '스타워즈'를 제치고 냉전 승리의 진정한 원동력이었다는 것이다. 베르사유 조약의 파괴적 결과, 그리고 대공황의 참사를 딛고 자본주의를 구하고자 했던 케인스가 부활하는 것도 이 대목이다.

이렇게 보면 구제금융은 단순히 부실 금융기관을 구제하는 문제가 아니다. 오히려 막강한 파괴력을 초래할 수 있는 시스템 리스크 혹은 사회 안정상의 리스크에 대한 포괄적 응급처치라는 위상을 지닌다. 이 경우 흔히 말하는 "대마불사大馬不死: too big to fail"의 논리가 연상된다. 그러나 중요한 것은 그 방향이다. 그는 "공정함과 공평한 대우에 대한 대중들의 인식에, 모든 국민에게 기회를 제공할 수 있도록 경제 시스템이 발전하고 있다는 대중들의 신뢰에 관심을 기울여야 한다"고 주장한다. 따라서 일시적인 구제금융이 아니라, 보다 광범위한 차원에서 위기를 우선적으로 차단할 "시스템적인 절차"의 확립에 대한 요구가 이어진다. 또 이를 담당할 주체로서 공적인 권위, 즉 정부의 능동적인 역할이 부각된다. 본래 국민들을 위한 리스크 관리라는 것은 정부의 고유한 기능이다. 사회안전망이 바로 단적인 예다. 지금과 같은 위기는 광범위한 사회구조적 충격을 수반한다. 따라서 위기에 맞선 정부 본연의 기능, 즉 "포괄적이고 효과적인 공공정책"으로서 리스크 관리가 시급한 과제로 부각된다.

쉴러 교수는 "최종 리스크 관리자ultimate risk manager로서의 정부"라는 테마를 끌어들인다. 그동안 위기를 거치면서 중앙은행의

'최종 대부자^{lender of last resort}' 기능이 각광 받아 왔다. 즉, 격렬한 패닉으로 인해 유동성이 증발되면서 나타난 공백을 중앙은행이 메워야 한다는 것이다. 나아가 최근에는 시장의 파괴에 대응한 '최종 시장 조성자^{market-maker of last resort}' 혹은 투자 위축에 대응한 '최종 투자자^{investor of last resort}' 기능이 새롭게 조명 받고 있다. 그동안 각국 정부의 적극적인 유동성 공급과 공적자금 투입, 그리고 대규모 재정지출 편성 등은 이에 따른 것이다. 하지만 여전히 사회 전반에 걸친 정부의 능동적인 역할에 대한 관심은 소홀해 보인다. 이제는 위기 여파로 꿈을 상실한 채 무기력증의 늪에 허덕이고 있는 수많은 대중들의 상처를 다스리고 품을 수 있는 정부의 새로운 역할이 필요하다. 다시 말해 근대 개시 이래 정부가 국민들이나 기업들과 맺은 "암묵적인 리스크 관리 계약"을 보다 명시화하고 발전시켜야 할 때가 된 것이다.

포스트 서브프라임 시대의 새로운 금융

이런 맥락에서 포스트 서브프라임 시대, 쉴러 교수가 주목하는 제도 개혁의 틀에 주목할 필요가 있다. 그는 출발점으로서 기술에 대한 이해를 강조한다. 아니, "정보기술이야말로 서브프라임의 해결책"이라고 역설하기도 한다. 오늘날 서브프라임 위기를 초래한 그림자 금융의 병폐 중 하나가 바로 금융공학과 같은 현대 과학기술에 대한 맹신임을 감안하면 실로 아이러니한 대목이다. 하지만 그는 이 기술을 인간 심리에 대한 이해에 기반한 행동경제학*에 접목시킨다. 이를 통해 금융의 버블 속성을 더 잘 이해하고, 그럼으로써 이를 극복할 수 있는 기술이나 노하우를 효과적으로 활용할 수 있다는 것이다. 문제는 상상력이다. 위기를 극복하기 위해 그동안 우리가 발전시켜 온 모든 가능한 수단들을 동원하고, 그 수혜를 사회 전반에 확산시키기 위해 노력하는 것이야말로 진정한 금융 민주화라고 할 수 있다.

• 행동경제학 Behavioral Economics 은 심리학의 통찰력을 경제 현상, 특히 인간의 경제행위에 대한 연구에 적용한 것으로, 최근 들어 각광 받고 있는 새로운 경제학 분야다. 행동경제학의 개척자로 노벨경제학상(1978년)을 수상한 허버트 사이먼 Hurbert Simon 은 인간을 '극대화 추구자 maximizer'가 아니라 '만족 추구자 satisficer'로 간주한다. 즉, 언제나 최선의 선택이 아니라 단지 '충분히 좋은 good enough(그 정도면 충분하다)' 선택을 한다는 것이다. 여기서 핵심적인 개념은 '제한적 합리성 bounded rationality'인데, 이는 인간의 문제 해결을 제약하는 인식 능력의 한계를 반영하는 표현으로서 그간 주류 경제학이 기반해온 합리성 가설과 크게 괴리된다. 한편 이어 2002년 노벨경제학상을 수상한 대니얼 카너먼 Daniel Hahneman 등은 이런 문제의식을 더욱 진전시켜 '휴리스틱스 heuristics와 편의 bias' 이론을 제시하기도 했다. 휴리스틱스를 흔히 '추단법'이라고 번역하기도 하는데, 그냥 '주먹구구식' 사고 정도로 보면 된다. 한편 쉴러 교수가 애커로프 교수와 함께 쓴 《야성적 충동》은 이와 같은 행동경제학의 거시적 확장이라고 할 수 있을 것이다.

이에 대해 쉴러 교수는 크게 세 가지 틀로 접근한다. 우선, 금융 정보 인프라를 개선하는 것이다. 통상 '사고의 사회적 전염'은 정보의 제약이나 왜곡에서 비롯된다. 여기까지는 별 무리가 없지만, 이제부터는 상상력이 필요하다. 가령 정기적인 건강검진을 통해 사전에 건강을 관리하듯이 국민 모두가 포괄적인 재무상담을 통해 재무리스크를 정기적으로 점검하자는 제안은 실로 창의적이다. 그것도 민간에만 내맡기지 말고 정부가 보조금을 지급하여 보다 효과적인 재무상담 서비스산업을 키우자는 제안까지 말이다. 발상의 전환이 필요한 것은 이런 대목이다. 둘째, 한층 광범위한 경제적 리스크들을 관리할 수 있도록 금융시장의 영역을 확장시키는 것이다. 여기서 부동산시장을 더욱 유동적인 시장으로 만들자는 제안은 가히 충격적이다. 물리적으로나 심리적으로 고착성이 강한 부동산시장을 오히려 "냉혹한 시장원리"에 복속시킴으로써 '견제와 균형'의 민주주의 시스템을 작동시켜야 한다는 것이다. 마지막으로, 소비자들을 보다 안전하게 보호할 다양한 소매금융 수단을 개발하는 것이다. 이는 보험을 인간 삶의 다양한 영역, 가령 단순히 실업보험 정도가 아니라 생계 전반에 대한 보험으로 확대시키는 내용을 골자로 한다. 이제 금융의 신세계가 열리고 있는 것인가?

사실 서브프라임 사태가 한창이던 2008년 미국에서 출간된 이 책은 쉴러 교수의 높은 지명도로 인해 광범위한 반향을 불러일으켰다. 하지만 정작 이 책의 기본적인 메시지, 즉 "서브프라임 블루스에서 금융 민주주의로" 나아가는 그의 고민은 충분한 공감을 얻고 있지 못한 것 같다. 모두가 이번 사태의 직접적인 영향과 경제성장률이나 투자수익률에 미칠 영향, 그리고 투자은행의 붕괴와 상업은행의 연쇄 부도 위기 등과 같은 자극적인 이벤트들과 각종 포퓰리즘적인 미디어 보도에 초점이 맞춰진 상황에서, 서브프라임 사태의 폐허를 딛고 현대 금융을 재건하려는 이러한 노력은 적절한 평가를 받지 못하는 모습이다. 아직도 버블에 대한 세상의 이해 수준이 쉴러의 경고를 받아들이기에는 너무 미천한 탓인가?

아마도 세간의 이처럼 미온적인 반응은 금융에 대한 쉴러 교수의 낙관적인 태도 탓일 것이다. 현대 금융의 새로운 역할에 주목하는, 즉 리스크 관리를 개인의 일상적인 삶으로까지 확대시켜 사회 전체로 분산시키자는 그의 요구는 일견 인생 자체를 금융의 변덕스런 속성에 내맡기는 무책임한 처사로 간주될 수 있다. 마치 우리네 삶 전부를 건 도박처럼 말이다. 금융 혁신의 무궁무진한 수혜를 꿈꾸었던 서브프라임의 몰락이 이에 대한 단적인 예 아닌가? 또 전문가나 공공 부문의 책임 있는 역할에 대한 강조 역시 소위 '전문가'는 물론 공공의 이익을 대변한다는 정부에 존재하는 각종 편의^{bias}나 인센티브 왜곡 문제는 간과한 것이 아닌가? 한편 현대 금융의 창의성 혹은 상상력이 도리어 수익 극대화만을 좇는 새로운 인센티브를 유발하게 되는 것은 아닌가? 이러한 의구심에 비추어 볼 때 그의 제안은 아직도 다양한 차원의 현실 검증을 거치지 못한 소망에 불과할지 모른다. 하지만 그의 요청을 일축하기에는 지금의 기류가 너무 천편일률적이고 상상력의 부족을 드러내는 것은 아닌지 되씹어볼 필요가 크다.

우리 사회의 부동산 불패^{不敗} 신화를 깨라

우리가 이 책을 읽을 때, 가장 가슴 깊이 여운이 남는 대목은 바로 '부동산 불패 신화'에 대한 쉴러 교수의 논박이라고 할 것이다. 수십 년간 반복적인 부동산 버블에 시달려온 우리는 각종 개발 논리는 물론 국민과 국가경제의 생존을 담보로 삼은 대마불사의 논리에 밀려, 이 신화에 제대로 저항 한 번 해본 적이 없다. 인구 증가와 경제성장, 대도시의 주거 편익과 사업성 등 온갖 이유로 인해, (적어도 수도권 일부 지역의 경우) 집값은 비록 일시적인 고비가 있더라도 이내 툭 털고 언제나 상승할 수밖에 없다는 식의 주장은 수만 번도 더 들었다. 설령 부동산 위기가 닥치더라도, 부동산에 연루된 수많은 사람들의 재산 피해나 건설경기 침체로 인해 우리 경제의 기반이 흔들린다는 논리가 앞서며 이내 새로운 구제의 손길이 이어졌다. 그러는 사이 우리는 부동산 불패 신화에 한없이 익숙해졌다.

하지만 쉴러 교수는 이와 같은 통념에 가차 없이 메스를 댄다. 그에게 부동산 신화는 "가변적인 시대정신"의 일례("오래된 신화")일 뿐이다. 미국에서도 적어도 20여 년 이상에 이르는 부동산 버블 시기에 정착된 이 신화는 경제성장과 이용 가능한 자원의 부족 등으로 인해 부동산가격이 시간이 지날수록 오를 수밖에 없다는 통념을 의미한다. 그러나 역시 쉴러 교수가 미국 등 여러 선진국을 대상으로 장기 추세를 분석한 바에 따르면, 이 같은 견해는 정당화되지 않는다. 우선, 물가상승률을 감안한 실질 주택가격은 국민소득 상승에 비례하는 상승세를 보이지 않았던 것이다. 물론 국민소득 중 주택에 활용되는 소득의 비중은 일정한 수준을 유지했다. 하지만 이 과정에서 늘어난 소득은 주택가격의 상승이 아니라 주택 소비량의 증가로 표출되었다. 즉, 소득 증대에 따라 집 크기를 늘리거나 개량하는 식으로 말이다. 경제성장과 더불어 집값이 올라야 할 이유는 없는 셈이다.

최근 국내에서 유행하듯이, 전반적인 자원 부족 탓에 자재가격이나 건축비가 올라 집값이 상승한다는 주장도 마찬가지다. 오늘날의 기술력으로 언제든지 대체할 자재나 자원들이 있기 때문이다. 이에 대한 쉴러 교수의 통찰은 주목할 만하다. "세계가 발전함에 따라, 우리는 분명 자원이 부족한 시대를 살게 될 것이다. 그렇지만 주택이 '부족 리스트'의 상단을 차지하리라 예상하기는 힘들다." 혹시 고정된 자산인 땅이 문제 아닐까? 실제로 집값 상승의 원인으로 지가 상승을 거론하는 시각도 많다. 하지만 대부분 지가 상승은 개발 수요를 반영한 선취매의 유입 때문이다. 남는 것은 대도시의 편익과 결부된 입지 여건뿐이다. 하지만 그 근거도 많은 부분 애향심과 같은 환영에 의존한다. 이에 쉴러는 시장 유동성을 키워 "냉혹한 시장원리에 부동산시장을 열어"둘 것을 요구한다. 새로운 도심지 개발이 한 예다. 우리 사회의 신도시 개발 열풍처럼 무분별한 개발 논리가 연상되지만, "열린 시장"을 통한 시장 민주화, 즉 견제와 균형의 메커니즘 작동에 대해서는 곰곰이 새겨볼 필요가 있다.

　나아가 집값 하락 자체를 나쁘게 볼 일도 아니다. "만약 주택 가격이 소득에 비해 하락한다면 우리는 경제적인 여유가 더 생길 것이고, 새로운 집에 투자할 여력도 더 생길 것"이기 때문이다. 집값이 올라야만 건설경기가 활성화되고 경제가 좋아진다는 식의 논리는 전혀 경제학적 근거가 없는 엉터리 주장이다. 그러면 자동차 가격도 올라야 하고 밥값, 옷값, 통신료도 올라야 한다. 결국 소비자의 편익이 아니라 공급자의 이해관계에만 초점을 맞춘 궤변에 불과하다. 오히려 공급자는 생산성을 높여, 다시 말해 더 좋은 집을 더 싸게 만들어 수익을 올려야 한다. 경제학적으로 보면, 집값 상승은 미래 구매자(우리의 아들딸도 포함될 것이다)의 희생을 토대로 현 소유자의 부를 상승시키는 분배상의 문제다. 집이 없는 사람으로부터 집이 있는 사람으로 부가 이전된다는 것이다. 내 집 마련이라는 소박한 꿈을 재테크 열풍으로 변질시켜온 우리 사회가 무언가 단단히 착각에 빠져 있는 것은 아닐까?

금융 선진화가 아니라 금융 민주화가 정답

또 하나 유념할 필요가 있는 문제는 그동안 우리 사회에서 마치 정언명령定言命令인 양 강조되어온, 이른바 '금융 선진화'에 대한 미망迷妄이다. 금융 선진화라고 하면, 관치금융이니 정경유착이니 해서 뭔가 구린내 나던 '관계 지향형 금융 모델' 대신에 좀 더 폼 나는, 특히 서구에서 정착되어온 '거래 혹은 시장 지향형 금융 모델'을 본받자는 것이다. 하지만 금융 선진화의 환상은 이번 위기로 인해 현대 선진 금융의 전위로서 각종 복합파생금융상품을 진두지휘해온 투자은행IB 모델이 초토화되면서 사실상 무력화된 모습이다. 가령 서브프라임 모기지 시장의 붕괴에서 입증되듯, 복잡한 발행·유통 사슬로 인해 원原채무자 혹은 발행자originator와 채권자 혹은 최종 투자자 간에 상호 소통이 불가능해짐에 따라 각종 방만한 대출과 투자가 판을 치게 되면서 위기의 씨를 뿌렸다고 볼 수 있다. 이에 따라 정작 서구에서는 이제 전통적인 금융 형태로 되돌아가야 한다는 목소리가 커지고 있다.

그런데도 우리 사회에서는 여전히 우리와 미국 등 선진국 간에 금융 수준의 격차를 운운하면서 금융 선진화의 필요성을 주목하는 견해가 대세다. 특히 글로벌 금융 위기의 와중에 시행 연기 가능성이 불거지기도 했던 '자통법'도 거의 원안대로 시행에 들어갔다. 물론 금융 격차라는 측면에서 볼 때, 이번 위기와 무관하게 한국이 발전시켜야 할 금융 영역들은 많이 있다. 특히 인수합병[M&A] 자문이나 주간, 파이낸싱 등의 영역은 이미 대부분 해외 선진 금융기관들에 안방을 내준 상황이다. 또 아직도 서민을 대상으로 고리대금업이 기승을 부리고, 각종 금융 사기가 줄을 잇는 등 소비자 보호 측면에서 한참 낙후된 것도 사실이다. 투자자나 소비자들의 다양한 선호에 맞는 금융상품들에 대한 개발 노력 역시 선진국에 비하면 극히 초보적인 단계에 불과하다. 사실 금융산업은 2006년 기준으로 부가가치율이 71.1퍼센트로 전 산업에 걸쳐 가장 높고, 2007년 기준으로 GDP 대비 7퍼센트 정도의 비중에도 불구하고 성장기여율은 무려 14퍼센트에 달했다. 가뜩이나 성장 잠재력의 쇠퇴 우려가 큰 상황에서 이처럼 황금알을 낳는 금융 부문의 선진화에 대한 욕구가 큰 것은 당연한 일이다.

하지만 이 책이 강조하다시피, 위기의 진정한 교훈은 '금융 민주화'의 필요성이다. 금융의 수혜를 특정 기관이나 투자자에게만이 아니라 국민 모두에게 골고루 나눠주는 식으로 금융의 역할을 재정립하는 것 말이다. 이런 맥락에서 보면, 우리의 금융 선진화 욕망은 이미 파산 나버린 헛된 꿈을 좇는 미망에 불과할지도 모른다. 금융의 가장 중요한 과제, 즉 사회 안정에 대한 리스크 관리보다는 금융을 이용한 직접적인 부가가치 창출에만 목을 매는 행태는 이번 위기 과정에서 끔찍한 결과를 빚으며, 도리어 현대 금융의 순기능마저 질식시키고 있다. 따라서 지금은 금융 선진화가 아니라 금융 민주화가 더욱 중요하다. 금융 과잉 혹은 (최근 우리처럼) 금융 우선에 따른 부작용을 치유하면서, 전통적인 상업은행 역할에 대한 재조명과 같이 금융업 자체의 재정비는 물론이고, 그 지평을 보다 광범위하게 국민의 복리를 확대시키는 방향으로 재편하기 위한 진지하고도 창의적인 노력이 필요한 때다.

쉴러 교수는 예전부터 국민소득 대비 불과 3퍼센트(미국)에서 5퍼센트(한국)에 불과한 배당이익을 기초자산으로 삼는 주식시장에 대한 과도한 관심을 경계하며, 나머지 95퍼센트의 필요에 부합하는 금융시장의 새로운 역할을 강조한 바 있다. 설령 부동산(및 임대업) 7퍼센트를 합치더라도 우리나라에서의 비중은 12퍼센트 남짓에 그친다. 결국 금융의 진정한 역할은 이처럼 나머지 광범위한 영역을 대상으로 재구성되어야 하는 것이 아닌가? 특히 한 치 앞을 내다보기 힘들 정도로 각종 불확실성으로 자욱한 경제 환경에서 서민 생계를 보호하고, 사회적 신뢰를 유지할 수 있게끔 "최종 리스크 관리자"로서 정부 역할을 정립할 필요가 큰 시점이다. 게다가 청년 실업으로 몸살을 앓고 있는 상황에서, 이들을 보호할 "기본적인 사회계약"으로서 금융의 역할을 모색하는 식의 '발상의 대전환'이 요구된다. 이 책을 읽는 지금 우리는, 비록 시대는 암울할지언정, 신천지를 찾는 개척자로서 새로운 희망을 엿볼 수도 있을 것이다.

1장 **현상 파악 :**
버블 폭풍에 난파한 세계 경제 54

2장 **역사에서 얻는 교훈 :**
주택의 역사 82

3장 **행동경제학적 분석 :**
버블은 어떤 메커니즘으로 생기나 96

대공황 이후, 가장 거대한
역사적 전환점에 서다

이번 서브프라임 사태는 미국의 경제뿐만 아니라 문화적 측면에서도 역사적 전환점이 되고 있다. 2006년부터 미국에서 터지기 시작한 주택시장, 즉 부동산에서 시작된 투기적 버블 붕괴의 최종 결과가 바로 이번 서브프라임 사태다.

그러나 부동산 버블 붕괴는 미국만의 현상이 아니다. 현재 전 세계적으로 국가와 기업이 부동산 버블에서 시작된 위기 사태로 인해 파산을 경험하거나 신용위기 등의 문제로 어려움을 겪고 있다. 이 파괴적인 힘은 앞으로도 수년간 맹위를 떨치며 점점 더 큰 피해를 주게 될 것이다. 신용시장 붕괴는 이미 역사적 규모에 이르렀고, 경제적으로 중대한 영향을 미치게 될 것이다.

더욱 중요한 것은, 이 위기가 근본적인 사회 변화(소비 습관, 가치관, 그리고 상호관계의 변화)를 가져올 것이란 사실이다. 이제 우리는 지금까지와는 약간 다른 방식으로 생활하고, 약간 다른 방식으로 서로를 대하게 될 것이다.

이러한 파괴적인 변화를 그대로 방치한다면, 앞으로 몇 십년 동안 경제뿐 아니라, 사회구조^{social fabric}(개인과 개인의 관계, 제도, 생활방식 등에 대한 신뢰와 낙관)에도 악영향을 미칠 수 있다. 사회구조는 측정하기가 매우 어려워서, 더욱 사소하고 덜 개별적인 세부 요소들에 밀려 간과되기 쉽다. 하지만 사회구조가 크게 흔들리면 본질적으로 경제구조가 불안해지기 때문에, 우리가 앞으로 서브프라임 위기에 슬기롭게 대처하기 위해서는 그 무엇보다도 사회구조 자체에 관심의 초점을 맞추어야 한다.

지나온 우리의 역사를 돌아보면, 측정하기 어렵고 간과되기 쉬운 '사회구조'를 지켜나가기 위해서는 경제정책을 중요하게 다뤄야 한다는 사실을 깨달을 수 있다.

예를 들면, 1차 세계대전 이후 유럽은 특수한 경제협정, 즉

'베르사유 조약'으로 인해 심한 타격을 입었다. 1차 세계대전을 종식시킨 이 조약은 독일에게 지급 능력의 한계를 넘어서는 엄청난 금액의 배상금을 청구했다. 베르사유 조약에 영국 대표로 참여했던 존 메이나드 케인스는 과도한 배상금을 요구하는 베르사유 조약을 반대하며 사임했고, 1919년 그 조약이 재앙을 가져오리라 예언한 책《평화의 경제적 결과 The Economics Consequences of the Peace》를 집필했다. 하지만 사람들은 케인스의 주장을 무시한 채 그 조약을 강행했고 결국 독일은 막대한 배상금을 지급할 수 없었다. 그리고 그 조약은 독일인들을 격분시켰다. 30년 뒤, 이것은 2차 세계대전을 일으킨 요인 가운데 하나로 작용했다.

비록 규모 면에서는 차이가 있지만 오늘날 그에 견줄만한 재앙이 일어나려 하고 있다. 우리 마음속에서 그때와 비슷한 우려가 일고 있다. 또다시 많은 사람들이 지불 능력을 넘어선 빚을 갚지 못해 채권자들에 쫓기고 있다. 또다시 많은 사람들이 자신이 저지르지도 않은 일에 고통 받으며 원치 않는 상황을 스스로 통제하지 못한다는 사실에 좌절감을 느끼고 있다. 그들은 한때 철석같이 믿었던 탄탄한 경제체제가 한순간에 무너져 내리는 것을 또 다시 목격하고 있다. 과도한 리스크를 감수하도록 그들을 부추겼던 낙관적인 이야기들이 거짓이었음을 그들은 또다시 느끼고 있다.

지금 상황에서 사회적·경제적 혼란과 무질서가 일으키게 될 피해의 종류나 규모를 섣불리 예측할 수는 없다. 그렇지만 앞으로 보다 더디게 진행될 경제성장을 통해 대략적으로나마 측정할 수 있게 될 것이다. 1990년대 초 스웨덴과 멕시코가 주택대출 거품 이후 경제적으로 어려움을 겪었던 것처럼, 앞으로 몇 년 동안 미국도 경제적으로 어려움을 겪게 될 것이다. 심지어는 유가 거품의 시기 동안 소비 경쟁을 벌였던 멕시코가 1980년대 암울한 시기를 보낸 것처럼, 혹은 1980년대의 주식시장 및 부동산시장 버블 붕괴 이후 1990년대에 일본이 '잃어버린 10년'을 겪은 것처럼, 또 한 번의 '잃어버린 10년'이 발생할 수도 있다.

이 책에서 내가 주장하고자 하는 바는, 서브프라임 위기를 가져온 주택시장 버블이 더 이상 커질 수 없을 만큼 팽창하게 된 이유가, 우리 사회가 투기적 버블에 대처하는 방법을 몰랐기 때문이라는 것이다. 풍부한 지식을 가진 박식한 전문가들, 즉 버블의 역사를 알고 있고, 심지어 그 사례들까지 조목조목 열거할 수 있는 사람들조차도 주택투자에 대한 대중의 비이성적인 과열이 이번 문제의 핵심이었음을 이해하지 못했다. 기업과 정부 지도자들은 그러한 상황에 대처하는 방법을 몰랐을 뿐 아니라, 그러한 상황을 조절하고 개선하기 위한 새로운 금융 제도도 마련하지 않았다.

분명 세계 금융 위기의 궁극적 원인이 주식시장 버블과 더불어 부동산 버블에 있다는 시각이 제기된 바 있다. 그러나 대부분의 사람이 그러한 시각을 진지하게 받아들이지 않았고, 그러한 버블의 여파를 제대로 이해하지 못하고 있다. 대신 이 위기가 주택대출업체들의 부정직함, 증권금융업체들과 헤지펀드 그리고 신용평가기관들의 탐욕, 혹은 당시 연방준비제도이사회 의장이었던 앨런 그린스펀의 잘못 때문이라고 생각한다.

그러나 이제는 다르게 생각해야 한다. 현재 우리에게 무슨 일이 일어나고 있는지 절실히 깨닫고, 주택 및 금융 시장의 제도적 토대를 재구성하는 근본적인 조처를 시작해야 할 때이다. 다시 말해서 위기를 완화할 단기적인 조치뿐 아니라 버블이 커지는 것을 막고, 주택 및 금융 시장을 안정화하고, 가정 및 기업 경제를 안정시킬 방법을 강구하는 등의 더욱 '장기적인 조처'를 취해야 할 때라는 얘기다.

이를 위해서는 우선 현재의 사태를 가져온 부동산 버블 현상에 대한 보다 냉정한 사태 분석이 필요하다.

1장

현상 파악 :

버블 폭풍에
난파한 세계 경제

1

버블 폭풍에
난파한 세계 경제

버블 붕괴

2007년 미국에서 시작되어 다른 국가들로 확산된 서브프라임 주택대출 시장의 문제점은 지금쯤이면 전 세계가 알고 있고 또 그 때문에 고통 받고 있을 것이다. 이제 버블은 세계의 문제가 됐다. 1990년대 후반부터 미국 주택가격이 상승하면서 너도나도 주택을 구입했다. 사람들은 주택투자가 가정경제를 안정시키고, 부를 일굴 확실한 방법이라고 간주했다.

1997년에서 2005년 사이에 미국에서는 주택보급률이 전 지역과 모든 연령층, 모든 인종 집단, 모든 소득층에서 증가했다. 미국 인구조사에 따르면, 같은 기간에 주택보급률이 65.7퍼센트에서 68.9퍼센트로 증가했다(이것은 자가 주택 거주자 수가 11퍼센트 증가했음을 의미한다). 35세 이하인 사람들과 소득이 중간 이하인 사람들, 그리고 라틴계 미국인들과 아프리카계 미국인들의 주택보급률이 서구 역사상 가장 크게 증가했다.

주택 보유 장려를 통해 참여의식과 소유의식을 고취할 수 있기 때문에, 주택 보유는 가치 있고 의미 깊은 국가적 목표다. 높은 주택보유율은 건강한 사회를 건설하는 데 도움이 된다(뒤에서 우리는 미국이 주택 보유를 장려하기 위해 20세기에 어떤 제도적 변화를 이루어냈는지 살펴볼 것이다). 그렇지만 미국에서 일어난 서브프라임 주택 딜레마는 주택 보유를 과도하게 장려한 것이 어떤 문제를 가져올 수 있는지 보여준다. 주택을 보유하면 많은 장점을 얻을 수 있지만, 서로 다른 환경에 처한 모든 이들에게 자가 주택이 항상 이상적인 거주 방식은 아니다. 그리고 이제야 미국은 이러한 현실을 직시하게 됐다. 이는 미국에서 주택보급률이 2005년 이래 하락세인 것을 보면 알 수 있다.

대체 어떤 사건들이 서브프라임 위기를 가져왔을까? 지나치게 공격적인 모기지 대출업체들, 관대한 신용평가기관들, 안일한 대출자들이 주택 붐을 부채질했다. 모기지를 유동화기관에 팔아넘길 생각이었기 때문에, 모기지업체들은 상환 리스크를 걱정하지 않았다. 그래서 그들은 대출자들의 상환 능력을 형식적으로만 평가했다. 국세청을 통해 대출자의 소득을 확인할 수 있는데도 대개 그런 절차를 생략했다. 때때로 그들은 신용불량 이력이 있는 순진한 사람들을 설득하여, 날로 확대되고 있는 서브프라임 모기지 시장에서 돈을 빌리도록 했다. 그리고 이러한 모기지들이 패키지화되어, 정교하지만 불가해한 방식으로 세계 투자자들에게 팔리고 되팔려 결국 세계가 위기에 휩싸이게 되었다. 유동화 과정에 포함된 인센티브 제도와 더불어 주택 버블은 도덕적 해이를 증폭시켰고, 모기지업체들 가운데 일부 악덕업체들은 한층 대담해졌다.

높은 주택가격 때문에 주택 건설은 이익을 가져다주었고, 미국 국내총생산^{GDP}에서 주택투자가 차지하는 비중은 2005년 4/4분기에 6.3퍼센트로 증가했다. 1950년에서 1951년 사이의 주택 붐 이래로 가장 높은 수치다. 결국 대규모 신규 주택 공급으로 공급 과잉이 발생하기 시작했고, 전문가들의 낙관적인 전망에도 불구하고 2006년 중반 미국 주택가격은 하락하기 시작했다. 주택가격 하락이 가속화함에 따라 주택 건설 붐은 무너졌다.

그와 동시에, 판촉을 위해 일정 기간 이자율을 낮춰주는 초기 '저리 기간'이 끝나자 모기지 이자율이 상승했다. 그러자 대출자들, 특히 서브프라임 대출자들은 대출금을 상환하지 못했다. 그들은 집값 이상의 빚을 지거나 현재 수입보다 높은 월 상환액을 감당하지 못하는 경우가 많아졌다. 주택보급률 증대와 이색적이고 혁신적인 금융상품 확대를 도모하며 용감한 신세계에 뛰어들었던 금융기관들 중 상당수가 이제는 (정도의 차이는 있지만) 오히려 어려움을 겪고 있다. 신세계의 신용시장이 경색 증세를 보이고 있는 것이다.

그 여파로 수백만 명의 사람들이 실업과 경제난이라는 이중고를 겪고 있다. 이런 현상은 서브프라임 대출자가 아닌 일반인들에게까지 확대되고 있다. 미국의 은행과 중개업체들은 거액의 손실을 보았다. 씨티은행과 메릴린치, 모건스탠리의 직원들이 일자리를 잃었고, 이런 심각한 상황은 여전히 진행 중이다.

서브프라임 위기는 이미 주택시장 이외의 부문들로 확산되고 있다. 신용카드 및 자동차대출 연체가 급속도로 증가하고 있다. 지방채보증기관들의 신용등급이 낮아지고, 이 때문에 미국 주 정부와 지방 정부의 자금 조달이 어려워질 위험이 커지고 있다. 기업어음시장이 심각한 타격을 입었고, 기업여신시장 역시 어려움을 겪고 있다.

서브프라임 위기는 미국에 국한되지 않았다. 전 세계의 여러 국가에서 폭등세를 보였던 부동산시장들이 고점을 찍은 듯한, 혹은 숨 고르기에 들어간 듯한 모습을 보이고 있다. 이미 폭락을 시작한 곳들도 있다.

또한 미국 금융 위기는 다른 국가들에도 빠르게 파급되고 있다. 독일 IKB산업은행^{IKB Deutsche Industriebank AG}, 작센LB^{SachsenLB}, 바이에른LB^{BayernLB}, 그리고 웨스트LB^{WestLB}의 파산 위기와 매각, 프랑스의 BNP파리바^{BNP Paribas}가 후원한 펀드들의 파산, 영국 노던록은행^{Northern Rock Building Society}의 예금 인출 사태를 통해 이를 알 수 있다.

그리고 미국 밖에서 일어난 이러한 사태들이 미국 달러가치의 하락, 주식시장의 불안정, 점점 더 많은 금융기관의 파산(특히 유서 깊은 미국 투자은행인 베어스턴스의 파산)을 한층 부추기고 있다. 미국에서 시작된 문제가 전 세계 다른 국가들로 확산되어 다시 미국으로 되돌아오는, 냉혹한 악순환의 고리는 아직 그 끝이 보이지 않는다.

이러한 악순환은 세계적인 에너지 위기와 식량 위기로도 확대되고 있다. 투기심리로 유가가 사상 최고가를 기록하는 바람에 에탄올 수요가 증가하면서, 연료용으로 쓰이는 곡식은 증가했지만 식용으로 쓰이는 곡식은 줄어 곡물가격이 폭등했고 결국 가난한 사람들은 배고픔에 시달리고 있다.

지난 몇 년 동안 주식시장과 주택시장을 달구던 투기심리가 이러한 시장들까지 달구고 있는 것이다. 각국이 이러한 위기들로부터 자국을 보호하는 데 어려움을 겪고 있다. 많은 개발도상국이 식량 수출을 통제함으로써 세계적인 식량 위기로부터 자국을 보호하려 애쓰고 있지만, 그러한 통제는 효과를 거두지 못하고 있다.

세계적으로 곡물가격이 오르자 투기성 사재기 세력들이 현지 시장에 공급될 곡물을 국외로 빼돌리면서, 정부의 통제 노력에도 불구하고 곡물가격이 내리지 않는 것이다. 투기로 식량시장이 더욱 불안해져서 곡물가격이 폭등할 경우, 그것이 가져올 결과는 상상만 해도 끔찍하다.

폐지가 아닌 개선 필요

현재 금융 위기를 '건전한 후퇴(과거의 단순한 금융거래 방식으로 되돌아가는 것)'를 위한 기회로 보는 사람들이 종종 있다. 그러나 이런 생각은 잘못된 판단이다. 오히려 지금의 위기는 날로 정교해지는 금융 인프라인 리스크 관리 제도에 대해 다시 한 번 생각해보고, 이를 개선하기 위한 노력을 두 배로 늘릴 때다.

최근 몇십 년 동안 현대 금융은 역사적으로 중요한 업적을 남겼다. 민간 부문에서는 신규 사업 자금을 지원하고 대학의 중대한 연구를 후원하며, 공공 부문에서는 학교와 병원을 짓는 등 경제성장에 강력한 엔진 역할을 해왔다.

모든 위기는 변화의 씨앗을 내포하고 있다. 지금은 경제를 안정시킬 수 있도록 금융 활동의 제도적 토대를 고치고, 국부를 다시 증대시키고, 우수한 금융 혁신 모델을 강화시킴으로써 이러한 위기가 닥치지 않았다면 건설하지 못했을 보다 나은 사회, 즉 금융 민주주의가 일반화된 사회를 건설할 때다.

앞으로 나는 현재의 서브프라임 위기를 역사적·경제적 맥락에서 살펴보고, 그러한 금융 민주주의를 위한 제도 개혁의 토대가 무엇인지 제시할 것이다. 아울러 현재의 위기 상황을 탈출할

상식적인 수준의 단기적인 해결책과 먼 미래에 우리에게 이익을 가져다줄 깊이 있고 장기적인 개선안을 제시하고자 한다. 이 위기를 극복하기 위해 다른 이들이 제시한 의견들과 대안들이 너무 많아서, 이 책에서 그 모두를 살펴볼 수는 없다. 그렇지만 향후 새로운 해결책을 찾아내는 데 토대가 되어줄 보다 큰 목표를 제시할 수는 있을 것이다.

이제 서브프라임 위기는 정말로 국제적인 사건이 됐다. 따라서 앞으로 논의할 세계경제의 과거와 현재, 그리고 현재의 위기를 극복할 대안들은 세계 독자들을 위한 것이다. 이 책에 제시되어 있는 해결책들은 다른 국가들에도 적용될 수 있다.

이미 언급했던 것처럼, 부동산시장과 금융시장이 원활히 돌아가도록 제도 개혁을 통해 보다 견실한 인프라를 공급해야 한다. 열차가 아무리 튼튼하고 기술이 정교하다고 해도, 철로가 견실하지 않으면 열차는 제대로 달릴 수 없다. 열차는 철로가 견뎌내는 만큼만 자신의 역할을 충실히 수행할 수 있다. 규제기관들과 보증기관들은 금융시장과 부동산시장에 깔려 있는 철로다. 그러나 기존의 이러한 위기 관리 기관들은 오래되어 흔들거린다. 한마디로 지금까지 오래된 철로 위에서 고속 열차를 운행해온 셈이다. 정부와 기업 리더들은 선로와 침목을 정밀 조사하여 필요한 부분을 교체해야 한다. 서브프라임 해결책은 모두 제도 개혁에 관한 것이며, 단기적 해결책 그 이상을 볼 수 있는 비전과 강도 높은 개혁을 이루어낼 용기에 관한 것이다.

대공황 시대가 남긴 교훈

우리는 먼저 서브프라임 위기가 전 세계에 영향을 미치고 있지만 그 위기의 진원지는 바로 '20세기 미국'임을 이해해야 한다. 이 위기가 발생하기 전, 미국이 마지막으로 주택 대위기를 겪은 것은 1925년에서 1933년 사이였다. 그 기간에 주택가격이 총 30퍼센트 떨어졌고, 대공황 절정기에 실업률은 25퍼센트까지 치솟았다. 그러한 위기는 당시 금융제도의 문제점을 여실히 드러냈다. 당시 사람들은 대부분 5년 미만의 단기 주택담보대출을 받았고, 만기 직전에 대출을 연장하면 되었다. 하지만 위기가 닥치자 대출자들은 대출을 연장할 수 없었고, 그 결과 집을 차압당했다.

당시에는 대출자들이 신규 주택대출을 받지 못해 집에서 쫓겨나는 문제를 막을 수 있는, 제도적 보안장치가 없었다. 하지만 지도자들이 서로 힘을 합쳐 그러한 제도적 문제점을 보완하기 위해 애썼기 때문에, 많은 사람이 집에서 쫓겨나는 사태를 피할 수 있었고 집도 되찾을 수 있었다.

그러한 역사적 위기 때 쓰였던 정책들이 지금의 위기를 극복하는 토대가 될 수 있다. 대공황 당시 주택 문제가 점점 심각해지자, 민간 부문과 공공 부문은 혁신적인 조치들을 취했다. 역사적으로 프랭클린 델라노 루스벨트의 뉴딜 정책이 중요한 역할을 했던 것은 사실이지만, 중대한 변화가 단순히 한 사람의 정책적 결과였던 것은 아니다. 오히려 그것은 정부와 경제계 지도자들 모두가 미국의 경제 위기를 이해하고 미국 경제의 제도적 인프라를 개선하려는 총체적인 노력을 기울인 결과였다고 할 수 있다.

오늘날 전미부동산중개인협의회 the National Association of Realtors의 전신인 전미부동산협회 the National Association of Real Estate Boards는 1930년대 초, 의회가 1913년 제정된 연방준비제도와 비슷한 새로운 연방주택대출은행제도를 마련할 것을 제안했다. 연방준비제도 산하에 12개 지역은행이 있는 것처럼, 새로운 연방주택대출은행제도에도 12개 지역은행이 있었다. 연방준비제도가 회원 은행들의 자산을 할인해줄 힘을 갖고 있었던 것처럼, 연방주택대출은행제도 역시 모기지업체들에 같은 도움을 제공할 수 있었다. 이런 접근법은 심각한 위기에 맞선 진지한 고민의 결과였다. 그후 연방주택대출은행제도는 여러 차례 변화를 겪었지만, 여전히 미국 수택시장에서(이번 위기 동안에도) 모기지 자금 공급을 통해 도움을 제공하고 있다.

민간 부문에서의 개혁 역시 혁신적이었다. 1932년 부동산감정업은 미국 부동산감정협회the American Institute of Real Estate Appraisers 설립으로 진정한 전문 기관으로 통폐합되었다. 미국 부동산감정협회는 오늘날 미국 감정평가협회Appraisal Institute(이하 AI)의 전신이다. 미국 부동산감정협회가 공식적으로 AI로 불리게 된 것은 1991년 부동산감정회the Society of Real Estate Appraisers와 합병되고부터였다. 하지만 1930년대 초, 미국 부동산감정협회의 회원사들은 미국 부동산감정협회로부터 공식적으로 인정을 받은 기관이라는 뜻에서 자사 명칭 뒤에 이미 M.A.I Member, Appraisal Institute(AI 구성원)라는 표현을 썼다. 이렇게 새로이 전문화된 부동산감정업은, 심각해지는 위기 속에 최신 정보기술을 이용하기 시작했다. 그들은 레밍턴랜드Remington Rand와 인터내셔널비즈니스머신the International Business Machines Corporation에서 개발한 컴퓨팅 시스템과 천공카드punched card를 이용하여 대규모로 자료를 처리했다. 1930년대 주택 위기 때 민간 부문에서 이루어진 이와 같은 발전은 오늘날까지도 모기지업체들에 더욱 믿을 수 있는 주택 평가를 제공함으로써 위기가 악화되는 것을 막고 있다.

주택 차압 폭풍에 대한 대응으로, 입법 차원에서도 중대한 변화가 있었다. 미국 의회에서는 허버트 후버^{Herbert Hoover} 정권 말기인 1933년에 새로운 파산법을 통과시켰고, 그 덕분에 봉급생활자들 대부분이 처음으로 파산보호 신청을 할 수 있게 되었다. 이렇듯 주택 대위기가 결과적으로 주택 부문을 안정시켰을 뿐 아니라, 모든 사람이 보다 효과적으로 금융 기술을 이용할 수 있도록 공공재들을 생산함으로써 당시 금융제도를 민주화시킨 개혁들을 가져왔다.

개혁은 거기서 멈추지 않았다. 1933년 루스벨트를 새로운 대통령으로 맞이한 의회는, 지방 주택담보대출기관들에 위험한 모기지를 담보로 자금을 빌려줌으로써 결국 모기지에 정부 보조금을 제공하는 주택소유자대부공사^{the Home Owners' Loan Corporation: HOLC}를 설립했다. 그렇지만 주택소유자대부공사는 단순히 보조금을 제공하는 것 이상의 역할을 했다. 즉, 그들은 모기지 산업의 표준을 변화시켰던 것이다. 주택소유자대부공사는 15년 장기 대출, 고정금리, 그리고 원리금분할상환(만기시, 한 번에 거액

의 원금을 상환하지 않고 매달 조금씩 원금을 상환해나가는 상환 방식)
이라는 특징을 가진 새로운 개념의 모기지를 주장했다.

1934년 의회는 당시 주택을 살 여력이 없는 사람들에게 주택 보유를 장려할 목적으로 연방주택관리청 the Federal Housing Administration: FHA을 만들었다. 연방주택관리청은 대출만기를 20년으로 늘리고, 모기지 금리를 고정하고 원리금분할상환 방식을 취하도록 하는 등 모기지 제도 개선에 주택소유자대부공사보다 더 많이 기여했다. 그것이 오늘날의 고정금리 모기지 트렌드의 출발점이다. 그리고 연방주택관리청의 또 한 차례의 장려로, 1950년대부터 모기지 기간이 30년으로 늘어나기 시작했다.

또한 1934년 의회는 주택 위기로 1933년과 같은 끔찍한 붕괴 사태가 일어날 경우에 은행 시스템을 보호하고자 연방예금보험공사 the Federal Deposit Insurance Corporation를 설립했다. 당시 국가적 규모의 예금 보험은 매우 급진적인 발상이었다. 그러나 이 급진적인 방법은 매우 효과가 있었고, 그 후로 미국에서는 대규모 예금 인출 사태가 사라졌다.

1934년에 취해진 더욱 혁신적인 조치는 금융시장이 원활히 돌아가도록 의회에서 증권거래위원회 the Securities and Exchange Commission: SEC라는 규제기관을 설립한 것이다. 증권거래위원회는 금융 활동에 적극적으로 개입했고, 관계자 모두에게 유익하고 공정하게 일을 처리했다.

1938년 의회는 연방저당공사^{the Federal National Mortgage Association}를 설립했다. 훗날 연방저당공사에는 '패니메이^{Fannie Mae}'라는 별칭이 붙었고, 지금은 이 별칭이 공식 명칭이 되었다. 패니메이는 모기지 산업을 지원했고, 궁극적으로 모기지의 유동화를 가속했다.

그때 설립된 기관들이 (주택소유자대부공사를 제외하고) 오래 유지되는 것을 보면, 1930년대의 금융 위기 대응책이 얼마나 견고했는지 짐작할 수 있다. 게다가 세계 다른 국가들이 유사한 기관들을 설립할 때는 대부분 미국의 기관들을 모델로 삼는다. 이러한 기관 모델들 가운데 일부는 세계적으로 확산되는 데 상당히 오랜 시간이 걸렸지만(대부분 몇십 년이 걸렸다), 선진 경제 제도를 갖춘 모든 국가에 증권거래위원회와 비슷한 기관들이 생겨났다. 그러한 기관들 가운데 일부는 상대적으로 최근에, 즉 1990년대에 설립되었다. 여기서 중요한 사실은 대공황 이후 미국이 제도화한 이러한 금융 혁신이 전 세계로 퍼져나가면서, 결과적으로 세계 주요 국가들은 저소득층의 주택 보유를 적극적으로 장려할 수 있도록 금융기관들을 위한 예금보험제도를 갖추게 되었다는 점이다.

적극적인 처방이 필요하다

지금의 경제 위기가 매우 심각함에도 불구하고, 미국 정부의 대응책은 1930년대 대응책에 비하면 매우 실망스러울 정도로 제한적이고 불충분하다.

2007년 여름, 부시 전 미국 대통령이 발표한 구제금융계획인 FHA시큐어^{FHASecure}는 ARM^{Adjustable-Rate Mortgage}(조정금리부 모기지. 처음에는 낮은 고정금리였다가 나중에 높은 변동금리로 바뀌는 구조를 가진 모기지 상품 – 옮긴이) 대출자들을 도우려는 것이었다. 하지만 2008년 중반, FHA시큐어의 재융자 총액은 1930년대의 유산인 패니메이의 주택보증사업 규모의 2퍼센트에도 못 미치는 적은 금액이었다.

마찬가지로 2007년 가을, 헨리 폴슨 미국 재무부장관이 제시한 '슈퍼 S.I.V.^{Structured Investment Vehicle}(구조화투자전문 특수목적법인)'의 구제안 MLEC^{Master Liquidity Enhancement Conduit}(일명 마스터유동성강화 콘듀잇)는 대공황 개혁 때부터 지금까지 우리 곁을 지켜온 연방주택대출은행 시스템 규모의 10분의 1에도 미치지 못했다. 그리고 그 계획은 실행되기도 전에 취소되었다.

다행스럽게도 2007년 미국 증권화포럼^{American Securitization Forum}

에서 마련한 조정금리부 모기지의 재설정 기준에 따라, 월 모기지 상환액이 연방예금보험공사가 보증하는 예금의 1퍼센트 미만으로 조정될 예정이긴 하다.

그러나 2008년 2월, 부시 행정부가 발표한 프로젝트 라이프라인Project Lifeline(서브프라임 모기지 부실 사태로 촉발된 주택경기침체를 막기 위한 구제책의 하나로, 압류를 당할 위기에 처한 주택 소유자들에게 주택 차압을 한시적으로 연기해주는 방안 – 옮긴이)의 경우, 차압 유예 기간은 단 30일밖에 되지 않았다. 이것은 대통령의 협조 요청에 대한 대형 대출기관들의 형식적인 조치일 뿐이었다.

그 외에도 여러 가지 조치가 취해졌다. 연방준비제도이사회에 의한 이자율 인하, 2007년 12월 21일 발표된 TAFTerm Auction Facility(기간입찰대출), 2008년 3월 11일 발표된 TSLFTerm Securities Lending Facility(기간부국채임대대출), 2008년 3월 16일 발표된 PDCFPrimary Dealer Credit Facility(프라이머리딜러대출) 같은 조치가 취해졌고, 2008년 2월 13일에는 부시 대통령으로부터 승인을 받아 2008 경기부양법Economic Stimulus Act of 2008이 법제화되었다.

물론 이러한 조치들이 지금의 경제 상황을 극복하는 데 다소나마 도움이 되기는 했다. 하지만 경기부양법에 따른 조세 환급 규모 및 TAF, TSLE, PDCF를 통한 총 대출 규모는 미국 주택

자산 규모의 0.5퍼센트 정도밖에 되지 않는다. 지원 규모가 날로 늘어나고 있지만, 현 사태를 해결하기에는 여전히 부족하기만 하다. 이러한 조치들의 범위가 크게 확대되고 있지만, 우리는 그중 어떤 것도 서브프라임 위기의 한가운데에 자리한 신용위기를 근본적으로 해결하기에는 충분하지 않음을 알고 있다.*

그러나 가장 심각한 문제는 이러한 조치들 가운데 미국 주택시장 및 금융시장을 위한 더 나은 환경을 조성할 진정한 제도혁신은 없다는 점이다. 앞에서 열거한 모든 조치들은 현재의 위기에 포괄적으로 대응할 수 없는 단편적 응급처방일 뿐이다.

미국 의회는 현재 위기에 신속히 대응하지 못하고 있다. 내가 증인으로 참석했던 2007 합동경제위원회 청문회에서 찰스 슈머 Charles Schumer 상원의원은 이렇게 말했다.

"얼마나 심각한 상황에 직면해 있는지 여전히 모르는 것 같아 마음이 무겁습니다. 지금의 대응책들은 우리 앞에 놓인 거대한 위험에 걸맞은 대응책이 아닙니다."**

● 일부 사람들은 이자율 차이를 통해 알 수 있는 것처럼 TAF가 미국 금융기관들의 전체적인 신용 수준에 아무런 효과도 미치지 못할 것이라고 주장했고, 실제로 일관된 효과를 발휘하지 못하고 있다. 더 알고 싶다면 다음 자료를 참조하라. John B. Talor and John C. Williams, "A Black Swan in the Money Market", Federal Reserve Bank of San Francisco, April 2008; http://www.frbsf.org/publications/economics/papers/2008/wpo8-04bk.pdf.

이 발언 이후, 다행히도 연방정부와 의회는 현재의 위기에 보다 집중적인 관심을 기울였다. 하지만 현 상황이 요구하는 막대한 자원을 그들이 효율적으로 공급하고 있는지는 여전히 확실치 않다. 위기가 점점 커지면서 정부의 막대한 자원을 순식간에 집어삼키고 있기 때문에, 그들은 그에 보조를 맞추지 못할 수도 있다. 지금까지 취해진 조치들은 단지 응급처치일 뿐이다. 1930년대와 달리, 근본적인 치료는 전혀 이루어지지 않고 있다.

미래형 제도 개혁의 틀 세우기

요즘 기자들은 내게 서브프라임 위기로 경기 침체가 더욱 장기화될 가능성이 있다고 생각하는지 자주 질문한다. 그렇지만 서브프라임 위기가 부각시킨 근본적인 문제들을 어떻게 해결해야 하는지, 혹은 어떻게 하면 지금의 위기 근저에 있는 근본적인 문제들로부터 우리 사회를 보호할 새롭고 혁신적인 제도

•• Charles E. Schumer, "Opening Statement", Joint Economic Committee Hearing, "Evolution of an Economic Crisis? The Subprime Lending Disaster and the Threat to the Broader Economy", September 19, 2007, p. 2; http://jec.senate.gov.

를 마련할 수 있는지에 대해서는 좀처럼 질문하지 않는다. 바로 그런 질문들이 지금 우리에게 필요한 질문들인데 말이다. 서브프라임 위기처럼 금융 위기에 취약한 지금의 상황을 극복하려면, 두 가지 원칙에 기초해 극복 계획을 세워야 할 것이다.

우선 정부와 재계 지도자들은 버블 및 그 여파가 일으키고 있는 문제에 단기적으로 대처할 방법을 강구해야 한다.

현재 우리 경제는 침몰하고 있다. 우리는 무엇보다 이 위기에서 한시라도 빨리 벗어나야 한다. 먼저 극히 고된 삶에 처한 일부 계층 사람들을 구제해야 하고, 경제제도의 붕괴를 막기 위해 극단적인 경우 구제금융을 제공해야 한다. 그리고 이러한 구제금융이 부당하게 혹은 불공평하게 쓰이지 않도록 올바르고도 즉각적인 지원이 이루어져야 한다. 또한 1930년대 주택소유자대부공사를 모델 삼아 정부가 단기적으로 개입하여 연체 위기에 내몰려 있는 모기지들을 구제해야 할 것이다.

이미 언급했던 것처럼, 우리는 장기적으로는 지금의 서브프라임 위기 같은 사건들의 근본적인 원인인 버블이 커지는 것을 막고, 사회 구성원들이 버블로부터 자신을 보다 효과적으로 보호할 수 있는, 보다 강력한 위기 관리 제도를 마련해야 한다.

이러한 경제 위기 해법은 다음과 같은 목표들을 포함한다.

첫째, 많은 이들이 건전한 금융상품과 서비스, 그리고 관례를 이용할 수 있도록 금융정보 인프라를 개선하는 것이다. 그러기 위해서는 사회에 보다 나은 금융정보 및 상담 서비스를 폭넓게 제공하고, 보다 안전한 소비자 보호책을 공급하며, 보다 편리한 경제 측정 단위의 사용을 확대시켜야 한다. 이를 통해 소비자들이 단순한 경험이나 유행보다 최상의 지식을 토대로 금융 결정을 내릴 수 있는 환경이 조성될 것이다. 또한 보다 우수한 금융정보 및 의사결정 과정 자체가 버블 발생을 억제하는 역할을 하게 될 것이다.

둘째, 경제 리스크를 보다 포괄적으로 해결할 수 있도록 금융시장의 영역을 확대시키는 것이다. 이 계획은 처음에는 시카고의 새로운 선물시장처럼 부동산 리스크 관리를 위해 매우 확대된 시장을 포함하게 될 것이다. 또한 다른 중대한 경제적 리스크들을 위한 시장들도 포함하게 될 것이다. 이러한 포괄적인 시장들은 보다 건전한 정보 인프라와 더불어, 버블 성장을 억제할 다양하고 새로운 계획들에 재정적 토대를 제공할 것이다.

셋째, 소비자들을 보다 안전하게 보호하는 소매금융 수단(예를 들면 지속적인 워크아웃형 모기지, 홈에쿼티 보험)을 개발하는 것이다. 오늘날 대부분의 가정에서는 제1의 투자처로 주택을 손

꼽는다. 그러나 주택은 차입금 의존율이 매우 높은 대표적인 부동산이다. 즉, 우리가 알고 있는 부동산 가운데 가장 리스크가 높은 것이 주택이라 할 수 있다. 시장 변화로 상환에 어려움이 생겨도, 현행 표준 모기지들은 대출자들에게 어떤 보호책도 제공하고 있지 않다. 그렇지만 주요 위험으로부터 주택 소유주를 보호하는 조항들을 모기지에 얼마든지 포함시킬 수 있고, 포함시켜야 한다. 여타 소매제도들은 모기지를 갚아나가고 있는 사람들을 보호할 수 있을 뿐 아니라, 경기 침체로부터 비주택 소유자들도 보호할 수 있다.

이러한 목표들을 달성한다면, 서브프라임 재앙과 같은 위기를 부채질하는 버블의 증가를 억제할 수 있을 뿐 아니라, 보다 효과적으로 리스크를 관리하고, 보다 합리적인 재무활동을 북돋우고, 가정경제를 보다 풍요롭게 하고, 경제 안정과 성장을 누릴 수 있는 환경이 조성될 것이다.

이러한 제도적 변화와 더불어 여타 중대한 제도적 변화를 철저히 이루어내라는 것은 어려운 주문이다. 하지만 이것은 단순히 대통령이나 국무총리 측근들이 이루어내야 하는 프로젝트가 아니라 사회 모든 부문의 리더들이 동참해야 하는 프로젝트다. 이를 위해서는 정책 입안자들, 재계 리더들, 그리고 언론과

학계 모두의 협조가 필요할 것이다. 다행히 세계는 이에 필요한 시간과 물적 자원, 그리고 지적 자원을 갖고 있다. 물론 우리가 변화의 시급성을 깨닫게 되었다고 가정했을 때 말이다.

서브프라임 블루스에서 금융 민주주의로

현재 금융 위기에 관한 공식 강좌에서만 간혹 거론되는 주제이기는 하지만, 1990년대 서브프라임 모기지의 출현은 사실 금융 민주주의(즉, 금융 혁신의 이익을 보다 더 많은 사람들이 나누어 가질 수 있는 사회)의 도래를 의미했다. 비록 금융 민주주의의 원시적인 형태이기는 하지만 말이다.

전前 연방준비제도이사회 의장 앨런 그린스펀에서부터 부동산 전문가였던 고故 에드워드 그램리치Edward Gramlich에 이르는 저명한 비평가들은 서브프라임 모기지 운동을 긍정적인 발전으로 보았다. 마구잡이식 대출 관행에 대한 비판이 있기는 했지만 서브프라임 모기지는 수백만 명의 저소득자들에게 주택을 보유할 기회를 효과적으로 제공했기 때문이다.

그렇지만 고매한 사회적 소망에도 불구하고, 서브프라임 모기지는 실행상 중대한 문제점을 갖고 있었다. 즉, 서브프라임 모기지는 모기지 인수에 필요한, 날로 복잡해지고 있는 금융기구들을 지원할 리스크 관리 제도를 갖추고 있지 않았던 것이다. 이것이 바로 이 책의 주제이기도 하다.

보다 안전하고도 효과적인 리스크 관리 제도를 설계할 방법을 향후 시장 활동의 토대로 삼을 수 있다면, 단순히 서브프라임 위기만 극복할 수 있는 것이 아니라 금융을 한층 민주화시킬 수 있는 환경을 조성할 수 있을 것이다.

그러한 노력의 바탕에는, 부동산 고유의 리스크를 더욱 정확히 이해하고 그러한 리스크를 효율적으로 분산시킬 노하우를 획득할 필요가 있다는 첫 번째 가정이 깔려 있다. 서브프라임 모기지가 갖고 있는 금융 민주화라는 매력에도 불구하고, 그에 내재된 리스크를 이해하지 못한 채 서브프라임 모기지 대출이 이루어지는 안타까운 일이 발생했기 때문이다.

그러한 노력의 바탕에 깔려 있는 두 번째 가정은, 현대 금융 기술 혁신이 널리 확대되기 위해서는 인간 심리에 대한 보다 명확한 이해가 수반되어야 한다는 것이다. 리스크 분산이 한편으로는 경제적으로 긍정적인 자극이 되고, 다른 한편으로는 도덕적 해이를 막는 제동장치 역할을 할 수 있도록 말이다. 다른 모든 버블과 마찬가지로, 심리적인 요인이 서브프라임 위기 발생에 중요한 역할을 했다. 서브프라임 위기는 화산 폭발이나 운석 충돌로 발생한 것이 아니다. 그것은 불 보듯 빤한 리스크를 예측하지 못했기 때문에 발생한 것이다. 혹은 버블이 그 어느 때보다 커졌다는 주장에 공감한다면, 예상이익에 대한 '비이성적 과열^{irrational exuberance}' 때문에 그러한 위기가 발생했다는 사실에도 주목할 필요가 있다.

서브프라임 위기가 드러낸 경제적인 문제점들을 해결하려면, 궁극적으로 우리는 현대 금융 기술의 혁신을 도모하고 효과적인 보호망을 사회 전체로 확대시키려는 노력을 기울여야 한다. 또한 뉴딜 시대의 개혁자들처럼 생각하고 행동하는 것을 두려워하지 말아야 한다. 이 과정에서는 금융을 민주화시키는 것이 매우 중요하다. 리스크를 사회 전체로 분산시킴으로써 금융 민주화는 경제생활의 토대를 보다 굳건히 다져줄 것이다. 그러므로 금융 민주주의는 그 자체가 목표일 뿐 아니라, 마찬가지로 가치 있는 또 다른 목표인 경제적 안정의 확대와 다양한 금융 방식에 의해 번영을 이루는 수단이기도 하다.

어떤 의미에서 마이크로파이낸스^{microfinance}(빈민소액금융) 혁명을 통해 금융 민주화가 이미 구현되고 있다고 할 수 있다. 무하마드 유누스 Muhammad Yunus 와 그라민은행 Grameen Bank 이 받은 2006년 노벨평화상은 그들이 싹틔운 혁명에 새로운 자극제 역할을 했다. 마이크로파이낸스 혁명은 보통 세계에서 가장 미발달된 국가들의 영세업체들에 소액 대출을 해주는 새로운 제도들로 구성되어 있다.

유누스는 중국, 러시아, 그리고 여타 국가들의 세계적인 리더들로부터 공감을 얻었다. 또한 전 세계 개발도상국의 리더들이 점점 더 많은 국민들에게 금융 서비스를 제공하는 데 관심을 보이고 있다. 멕시코의 펠리페 칼데론 Felipe Calderón 대통령은 멕시코의 '금융 문화'를 발전시킬 정책들을 요구했다. 미주개발은행 Inter-American Development Bank 은 라틴아메리카의 전 인구가 이용할 수 있게 금융 서비스의 범주를 확대시키기 위한 노력을 기울였다.

페루의 정책 혁신가이자 《자본의 미스터리 The Mystery of Capital》의 저자인 에르난도 데 소토 Hernando de Soto 가 제시한 정책 역시 금융 민주화와 관련이 있다. 개발도상국에서의 재산권을 강조하고 있는 그는 이 저서에서 가난한 사람들의 법적 재산권과 국내외 금융 자본 이용 가능성 간에 밀접한 관련이 있음을 지적했다.

이 책에 소개되어 있는 서브프라임 해법 가운데 일부는 이러한 제안들과 맥을 같이 하고 있지만, 몇 가지 다른 점이 있다.

우선 여기 제시된 방법들은 선진화된 국가들을 위한 전략이라는 것이다. 단순히 금융 위기의 소용돌이에 휩쓸린 파산 직전의 가난한 사람들을 위한 방법이 아니라, 적은 수입으로 생활을 꾸려나가는 사람들(사실 거의 모든 이들)을 위한 방법이기도 하다. 즉, 이 책에서 제시하는 방법은 국민 전체를 위해 새로운 금융 인프라를 개발하여 모두가 선진 기술을 마음대로 이용할 수 있게 만듦으로써, 서브프라임 위기와 미래에 벌어질지도 모르는 비슷한 위기들에 대처할 수 있는 방법이다.

　이 책에서는 서브프라임 위기를 설명하기 위해 우선 서브프라임 위기의 특징 및 심리적 발단을 파헤칠 것이다. 그 다음에는 서브프라임 위기의 단기적 해법 및 장기적 해법을 상세히 설명할 것이다. 그 과정에서 무엇보다 중요한 것은 행동의 필요성이 될 것이다. 사실 제도 개혁은 매우 시급한 일이다. 서브프라임 위기로 말미암은 피해가 확산되는 것을 막고 이 위기로부터 깨달음을 얻고 싶다면, 우리는 제도 개혁에 즉각 주의를 기울여야 한다. 그것이 보다 나은 새로운 경제 시스템을 구축할 길이다.

2장

역사에서 얻는 교훈 :

주택의 역사

2

주택의 역사

장막극의 1장, 서브프라임

유일한 원인은 아니라고 해도, 주택 버블은 현재 우리가 직면해 있는 경제 위기와 서브프라임 위기의 주 원인이다. 부동산 가격이 몇 년이고 계속 오를 수 있다는 기대감에, 대출기관들 및 여타 금융기관들이 점차 대출 기준을 완화시키고 채무 불이행의 위험을 감수하기 시작했다. 그 결과 채무 불이행 사태가 전염병처럼 널리 확산되었다.

이 책을 집필할 즈음, 내가 직접 참여했던 S&P/케이스-쉴러 주택가격지수Standard & Poor's/Case-Shiller Home Price Indicies •에 따르면, 미국 주택가격은 버블 이전 수준으로 절반 정도는 되돌아갔고, 주택가격 하락률이 빠르게 상승하고 있다.

언젠가 명목 가격은 하락 속도가 점점 느려질 것이고, 결국에는 더 이상 하락하지 않게 될 것이다. 그렇지만 일반적인 인플레이션 속도를 감안하면, 명목주택가격이 하락하지 않아도 실질주택가격은 하락하게 될 것이다. 지속적으로 실질 가격이 하락할 경우 경제제도에 엄청난 시련을 줄 수도 있다. 아직까지는 가격이 상대적으로 적게 하락했기 때문에 채무 불이행 위기에 처해 있는 모기지 대출자들이 상대적으로 적고, 모기지 관련 기관들이 그로 인해 받은 영향은 아직 표면화되지 않은 손실에 비하면 사소하다고 할 수 있다.

상당수의 헤지펀드가 차입 자본 활용률leverage이 높기 때문에, 자산가치의 추가 하락은 재정적으로 아직은 견실해 보이는 사람들까지 물에 빠뜨릴 수 있다. 그리고 그들이 파산할 경우 은

• S&P/케이스-쉴러 주택가격지수: 신용평가회사인 S&P가 발표하는 지수로, 1980년 케이스 교수와 쉴러 교수가 개발했다. 미국 전체를 20개 권역으로 나누어 지역별로 단독주택 가격 변화를 지수화한 것으로 총 23개의 지수가 있다.

행들과 여타 금융기관들도 압박을 받게 될 것이다.

혹은 보다 심각한 인플레이션이 발생할 수도 있다. 하지만 중앙은행들은, 인플레이션이 명목주택가격을 지탱해주고 채무의 실질 가치를 줄여숨으로써 대출자를 구제하기 때문에 인플레이션을 억제하려는 노력을 기울이지 않을 수도 있다. 우리는 서브프라임 문제를 곧 끝날 단막극으로 생각하고 싶겠지만, 사실 그것은 비극적이고 복잡한 장막극의 1장일 뿐이다.

지난 100년간 주택가격의 변화

2004년, 1990년대 주식시장 붐과 2000년대 부동산 붐에 초점을 맞춰《비이성적 과열》의 개정판을 집필할 당시, 나는 주택시장의 변동을 장기적으로 분석해보고 싶었다.《비이성적 과열》초판에서 주식시장의 변동을 장기적으로 분석했던 것처럼 말이다.

한 가지 놀라운 것은, 세계 어느 나라도 장기적인 주택가격 변동에 관한 데이터가 있다고 말한 사람을 아직까지 보지 못했다는 것이다. 잠시 생각해보자. 주택 붐이 경제적인 대사건이라면 예전에도 그런 일이 있었는지, 그 결과 어떻게 되었는지 사람들이 관심을 기울였어야 옳다. 그러나 놀랍게도 아무도 그에 관심을 기울이지 않은 것 같다. 이것은 인간의 행동적인 특성을 보여줄 뿐 아니라, 인간의 관심 주기가 짧다는 것을 시사한다. 어쨌든 분명한 것은 부동산시장과 투기 과열 가능성을 제대로 평가한 사람이 없었다는 것이다.

지난 100년 동안 경제학자들이 기존 주택들의 가격 지표를 여러 차례 만들었지만, 그것은 상대적으로 단기적인 지표들이었다. 최근까지 어느 누구도 정기적으로 주택가격에 관한 지표를 만들지 않았다. 그러므로 초기 가격 지표들은 역사적 사실을 단편적으로 보여주는 수준에 머물렀다.

그래서 나는 미국의 기존 주택들의 가격 변화를 1890년부터 지금까지 정리해서 나만의 주택가격지수를 만들었다. 그것은 여러 가지 우수한 시계열^{時系列} 자료들을 하나로 묶어놓은 것이다. 나는 물가지수가 주택투자의 결과를 반영하되, 주택의 규모 증가 및 품질 향상 트렌드의 영향을 받지 않도록 표준주택가격을 말해주는 지수들만을 선별했다.

1934년에서 1953년 사이의 기간에는 어떤 주택가격지수도 찾을 수 없었다. 그래서 연구조교들에게 당시 신문의 부동산 매매 광고에 실렸던 주택 매도 가격을 참고하여 그 시기의 주택 가격을 추정하도록 지시했다. 내가 만든 주택가격지수에서 그 기간이 여전히 가장 취약한 부분이기는 하지만, 가능한 한 정확한 정보를 제공하고자 최선의 노력을 기울인 것은 틀림없는 사실이다.

《비이성적 과열》 개정판(2005년)의 그림 2-1은 1890년부터 2004년 사이의 소비자물가상승률이 반영된 실질주택가격지수, 건축비, 미국 인구, 장기대출이자율을 보여준다(p. 89 그림 2-1 참조). 당시 개정판에서 나는 '로켓 발사' 때처럼 주택가격이 매우 이례적인 움직임을 보이고 있다고 지적했다.[•] 미국 전체적으로 1997년에서 2006년 절정기 사이에 실질주택가격이 85퍼센트 증가했다. 그것은 분명 그림에 포함된 여타 변수들로 결코 설명할 수 없는 가격 변화였다. 마치 추락(가격 급락)을 눈앞에 둔 로켓처럼 보였다.

그리고 주택가격곡선 중 회색으로 표시된 부분이 말해주고 있듯, 2006년 이후 주택가격은 극적으로 급락했다. 로켓이 추

• Rober J. Shiller, *Irrational Exuberance*, Second Edition, Princeton, N.J.: Princeton University Press, 2005, p. 12.

지표 또는 이자율

인구(단위: 백만)

그림 2-1 1890년~2008년 사이의 미국의 실질주택가격, 건축비, 인구, 장기국채 연간이자율

출처: Robert J. Shiller, *Irrational Exuberance*, Second Edition, Princeton, N.J.: Princeton University Press, 2005, p. 13. 여기서 회색 부분은 갱신된 내용이다.

락한 것이다. 그리고 주택가격이 고점을 찍고 갑자기 급락한 것은 다른 변수들로는 결코 설명할 수 없는 현상이었다.

건축비 대비 주택가격비율은 2006년 시장 절정기까지 계속 솟구쳤다. 개인소득 대비 주택가격비율과 임대료 대비 주택가격비율도 상황은 마찬가지였다. 이제 이러한 비율이 하락하고 있다. 주택가격과 경제 기초여건 간의 이러한 불균형은 경제가 그만큼 불안정하다는 얘기다. 이것은 대대적인 가격 조정이 이루어지기 전까지는 해소되지 않을 문제가 존재한다는 뜻이기도 하다. 기본적인 경제 법칙들이 있다. 단기적으로는 왜곡될 수 있지만, 장기적으로는 변치 않는 기본 법칙들 말이다.

경제지표만으로 설명할 수 없는 '버블' 현상

1990년대 말 이후, 미국 전역에서 주택가격은 전례 없는 움직임을 보였던 것 같다. 하지만 도시별로 주택가격을 살펴보면 그렇지 않다.

과거에는 일부 도시에서만 주택시장이 큰 호황을 누렸다. 그렇지만 최근 붐에서는 호황을 누리는 도시 수가 극적으로 증가했다. 그림 2-2는 일부 주요 대도시들을 예로 들고 있다(p. 91). 이것은 S&P/케이스-쉴러 주택가격지수를 이용해, 인플레이션율이 반영된 실질주택가격지수를 구한 것이다.

이 그림을 보면 도시에 따라 주택가격 움직임이 다르다는 것을 알 수 있다. 부동산은 여전히 '입지'가 중요한 시장이다. 그렇지만 2006년 절정에 이르기 전에는 도시마다 가격 움직임에

실질주택가격지수(1987년=100)

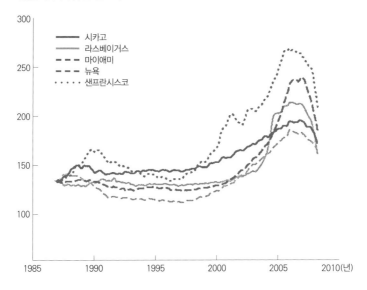

그림 2-2 **1983년 1월부터 2008년 사이의 상기 도시의 월별 실질주택가격지수**

출처: www.homeprice.standardandpoors.com과 www.bls.gov. 이 사이트의
　　　데이터를 이용해 저자가 환산한 것이다.

차이를 보였음에도 불구하고, 이젠 도시들 모두가 하락 현상을
보이고 있다. 가격하락률은 가격 상승 속도에 대개 역비례한다.

그림에서 볼 수 있듯이 2006년 이전에 라스베이거스와 마이
애미 그리고 샌프란시스코는, 주택가격이 보다 안정되어 있는
시카고와 뉴욕보다 더 빠르게 주택가격이 상승했고 그 후 더
빠르게 가격이 하락했다.

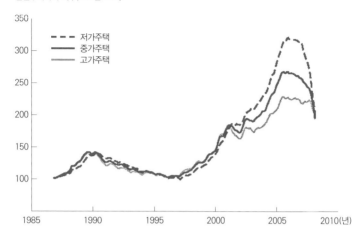

실질주택가격 지수(1987년=100)

그림 2-3 **1987년 1월부터 2008년 3월 사이의 주택가격대별 샌프란시스코의 월별 주택가격지수**
출처: www.homeprice.standardandpoors.com과 www.bls.gov. 이 사이트의 데이터를 이용해
저자가 계산한 것이다.

대도시 간 가격 움직임 상에 차이가 있는 것에 더해, 대도시
내의 지역 사이에도 가격 움직임 상의 차이가 존재한다. 주택은
가격대별로 시장이 나누어져 있다. 저가주택과 고가주택은 서
로 상당히 다른 가격 움직임을 보인다. 그림 2-3은 대도시인
샌프란시스코의 세 가지 가격대별 주택가격 변화를 보여주고
있다.

저가주택은 최근 주택 붐 동안(2006년까지)에는 최고의 가격

상승률을 보였고, 그 이후에는 최대의 가격하락률을 보였다. 다른 많은 도시에서도 이와 비슷한 현상을 목격할 수 있다. 고가주택과 저가주택 사이에 이러한 차이가 발생한 원인을 정확히는 알 수 없지만, 이러한 현상이 발생한 원인을 설명할 수 있는 한 가지 좋은 방법이 바로 서브프라임이다. 즉, 저가주택의 가격이 가파르게 상승한 것은 2001년 이후 저가주택을 구입할 저소득자들을 고객으로 하는 서브프라임 대출이 급속히 확산되었기 때문이고, 2006년 주택가격이 절정에 달한 이래 저가주택가격이 보다 빠른 속도로 하락하고 있는 것은 저가주택에서 발생하고 있는 채무 불이행, 차압 사태와 무관하지 않다는 것이다.

그러나 주택가격대별로 서로 다른 가격 움직임을 보이고 있지만, 근본적으로는 모든 주택이 비슷한 움직임을 보이고 있음을 알 수 있다. 저가주택시장에서도, 중가주택시장에서도, 그리고 고가주택시장에서도 주택 붐이 일어났고 지금은 그러한 붐이 모든 시장에서 수그러들고 있는 것이다.

세계로 눈을 돌려보자. 일부 국가는 여전히 주택 붐을 보이고 있지만, 많은 국가들이 미국과 비슷한 패턴을 보이고 있다. 그림 2-4에서는 대 런던Greater London과 대 보스턴Greater Boston 간의

실질주택가격지수(1983년, 1985년=100)

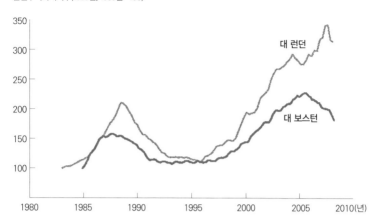

그림 2-4 대 런던과 대 보스턴의 실질주택가격지수
출처: 1983년부터 2008년 사이의 대 런던의 월별 주택가격은 할리팍스 주택가격지수
(Halifax House Price Index)를 영국 소비자물가지수(U.K. Retail Prices Index)로 나누어
구한 것이다. 1983년 1월부터 2008년 3월 사이의 대 보스턴의 월별 주택가격은 S&P의 케
이스-쉴러 주택가격지수를 소비자물가지수로 나누어 구한 것이다.

실질주택가격을 비교하고 있다. 대서양을 사이에 두고 서로 반
대편에 자리한 두 도시가 놀랄 정도로 비슷한 가격 움직임을 보
이고 있다. 두 도시 모두 1980년대에는 붐을 경험했고, 1990년
대 초반에는 주택가격 폭락을 경험했다. 두 도시 모두 2000년
대 초반에는 주택가격이 급등했으며, 최근 데이터에서는 모두
주택가격이 급락하고 있다.

2000년대 초반에 많은 국가와 도시에서, 그리고 서로 다른

가격대의 많은 주택에서 붐이 발생했다는 것은 무엇인가가 매우 포괄적이고 일반적으로 영향을 미쳤음을 뜻한다. 이러한 버블은 어느 한 시장이 지닌 독특한 특성으로는 설명이 불가능하다.

다음 장에서 나는 서로 다른 여러 지역에서 이와 같이 전례 없는 가격 움직임이 발생한 궁극적인 원인이 시장심리의 전염력(시장심리에 기름을 붓는 이야기들의 포괄적인 특성 때문에 국경이 아무런 의미가 없는 전염력) 때문이라는 주장을 펼 것이다.

3장

행동경제학적
분석 :

버블은 어떤
메커니즘으로 생기나

버블은 어떤
메커니즘으로 생기나

버블 vs. 프로스

앞 장의 그림 2-1을 다시 한 번 보자. 이 그림은 1890년 이후 주택가격 변화를 보여주고 있다. 1990년대 말 이후, 도대체 무엇 때문에 세계적으로 주택가격이 폭등한 것일까?

그림을 보면 붐 시기에 건축비, 인구, 그리고 장기대출이자율에는 커다란 변화가 없었다. 그렇다면 주택가격 폭등에는 다른 특별한 이유가 있다는 이야기다.

원인이 무엇이든 간에, 국가의 지도자들이 버블을 제대로 이해하지 못한 것은 사실이다. 특히 자본주의 제도의 우수성에 대한 자부심이 대단한 미국에서는 더욱 그러했다. 부동산 붐 동안 대부분의 권위자들은 붐을 문제로 생각하지 않았다. 앨런 그린스펀은 2007년 자신의 저서《격동의 시대 The Age of Turbulence》에서 부동산 붐에 대해 다음과 같은 견해를 보였다.

"우리가 직면하고 있는 것은 버블 bubble(풍선식 거품)이 아니라 프로스 froth(맥주식 거품)다. 국소 지역에 모여 있는 작은 거품으로, 미국 경제 전체의 건강을 위협할 정도로 커지기는 어려운 '프로스' 말이다."•

부동산 붐 동안 부시 대통령은 그에 대해 어떤 공식적인 발언도 하지 않았다. 2005년 대국민 주간 라디오 연설에서 그는 다음과 같은 자랑을 한 바 있다.

"모기지 이자율은 낮고, 지난 한 해 동안 우리 국민들의 주택 보유율은 기록을 갱신했습니다."••

• Alan Greenspan, *The Age of Turbulence: Adventures in a New World*, New York: Penguin, 2007, p. 231.
•• George W. Bush, 'President's Radio Address', August 6, 2005; http://www.whitehouse.gov/news/releases/2005/08/20050806.html.

당시 대통령 경제자문위원회 위원장이었던 벤 버냉키[Ben Bernanke]는 이렇게 말했다.

"지난 2년 동안 주택가격이 거의 25퍼센트 올랐습니다. 일부 지역에서 투기가 늘어나긴 했지만, 국가적 차원에서 보았을 때 이러한 가격 상승은 대체로 튼튼한 경제 기초여건 때문입니다. 일자리 및 소득의 실질적인 증가, 낮은 모기지 이자율, 세대 구성률의 지속적인 증가, 일부 지역에서의 가구 공급 확대를 제한하는 요소들과 같은 경제 기초여건들 말입니다."[*]

이들은 버블의 가능성을 분명 알고 있었다. 내가 '비이성적 과열'에 대한 유명한 연설을 하기 이틀 전인 1996년 12월 3일, 그린스펀이 연방준비제도이사회 앞에서 나와 나의 동료인 존 캠벨[John Campbell]에게 다른 이들과 함께 버블의 가능성을 입증해 보이라고 요구했던 것을 보면, 그가 버블의 가능성을 모르고 있었던 것은 분명 아니다. 그는 우리 이야기를 처음부터 끝까지 경청했다. 또한 그의 자서전에서도 버블이냐 아니냐를 놓고 고민한 흔적을 찾을 수 있다. 그렇지만 그는 다른 많은 사람들과

• Ben S. Bernanke, 'The Economic Outlook', October 20, 2005; http://www.whitehouse.gov/cea/econ-outlook20051020.html.

마찬가지로, 정책을 바꿔야 할 만큼 실체가 있는 버블은 아니라는 결론을 내렸다.

1990년대 주식시장의 버블 속에서, 그리고 그 후 부동산 버블 속에서 무엇인가가 진행되고 있었다. 다만 그들이 그것을 알아차리는 것이 어려웠을 뿐이다. 그러므로 그것이 과연 무엇이었는지 이 책을 통해 알아내는 것도 분명 쉽지 않은 일이 될 것이다.

생각은 전염된다

모든 역사적 사건들은 분명 여러 가지 요소들이 복합적으로 작용한 결과다. 그러나 내가《비이성적 과열》에서 주장했던 것처럼 모든 투기적 붐을 이해하기 위해 반드시 생각해야 하는 요소는, 붐이라는 가격 폭등 현상을 함께 지켜보는 과정에서 발생하는 사고의 '사회적 전염'이다. 사회적 전염 때문에 붐이 계속되리라는 믿음을 강화시키는 이야기들, 소위 '새로운 시대'에 관한 이야기들이 점점 신빙성을 더하게 된다. 그러나 사고가 사회적으로 전염되는 과정을 직접 볼 수 없기 때문에 사고가 어떤 식으로 전염되는지 파악하기는 어렵다. 그리고 그러한 현상이 발생하는 근본 원인은 더욱 간과하기 쉽다.

일부 경제학자들은 사고의 전염력이 집단적인 사고에 어떤 영향을 미칠 수 있다는 생가에 반대한디. 독립적으로 사고하고 항상 현명하게 행동하는 사람들이 이 세상을 이끌고 있다고 그들은 생각한다. 1990년대 말 버블 이래 이러한 지적 오만은 세계경제에 그 영향력을 점점 넓혀간 듯하다.

버블이 끝난 뒤, 2008년 3월 〈파이낸셜 타임스〉에 실린 한 특집 기사에서 앨런 그린스펀은 '도취감'과 '투기 열병'이 존재했음을 인정했다. 그렇지만 그는 이렇게 말했다.

"근본적인 문제는 우리 모델들(리스크 모델과 계량경제학 모델 두 가지 모두)이 과거에 비해 정교해지기는 했지만, 세계경제 현실을 좌우하고 있는 변수들을 온전히 반영하기에는 여전히 부족하다는 것이다. 우리에게 필요한 모델은 현실 세계의 세세한 부분까지 온전히 반영할 수 있는 모델이다."*

다시 말해 그린스펀은 버블의 존재는 결국 인정했지만, 사회

• Alan Greenspan, "We Will Never Have a Perfect Model of Risk", *Financial Times*, March 17, 2008, p. 9.

가 인간의 사고에 커다란 영향을 미치고 있다는 시각은 인정하지 않았다. 그는 인간 행동에 관한 수리계량경제학 모델이 세계를 이해할 수 있는 유일한 수단이고, 데이터의 양과 질 그리고 복잡한 정보를 처리하는 인간의 능력이 그 모델의 한계라고 생각했다. 그는 심리학계 혹은 사회학계의 연구 방식에 대해서는 신뢰하지 않는 듯하다.

그가 버블에 충분한 주의를 기울이지 못한 이유 중 하나는 그의 정신적 스승이자 철학자인 아인 랜드Ayn Rand의 일부 시각을 과신했기 때문이다. 그녀는 자립적이고 용기 있는 개인 행동의 힘을 이상화시켰고, 이성적이고 이기적인 인간을 '영웅적인 존재'로 승화시켰다. 그렇지만 개별 행동을 통한 경제적 성공의 가능성을 믿고, 그러한 믿음을 자부심의 근거로 삼는 경향은 아인 랜드 철학의 영역을 넘어선 것이다.

많은 경제학자들과 경제 비평가들은 '사고의 전염'이 인간사에서 매우 중요한 요소라는 사실을 제대로 이해하지 못하고 있다. 견해 문제에 있어 특정 지역에서 특정 정당에 관한 지지도가 압도적으로 높은 현상에서 알 수 있듯이, 지역 간 차이가 존재하는 것처럼 시대 간 차이도 존재한다. 가변적인 시대정신이 특정 지역, 특정 시대에 속한 사회 구성원들의 여론을 좌우한다. 어느 한 시기에 새로운 아이디어가 두각을 나타냈다가도, 집단 사고에서 차지하는 비중이 점점 줄어들면 이러한 시대정신이 바뀌게 된다. 이러한 시대정신의 성쇠를 관찰하기에 매우 좋은 곳이 바로 투기시장이다.

또한 전염병을 통해서도 사고의 사회적 전염 현상을 보다 쉽게 이해할 수 있다. 전염병은 갑자기 발생하여 종종 전문가들을 당황하게 만든다. 그러나 전염병학 수리 이론의 발달로, 의료 당국은 의심스러운 구석이 있는 전염병 관련 사건들을 보다 효과적으로 이해할 수 있게 되었다.

모든 질병에는 전염률(질병이 어떤 사람에게서 다른 사람으로 전염되는 비율)과 퇴치율(개인이 병에 걸리거나 병이 나아서 더 이상 전염이 되지 않는 비율)이 있다. 만약 전염률이 퇴치율을 넘어서면 전염이 시작된다. 그리고 여러 가지 요소들 때문에 시간에 따라 전염률이 달라질 수 있다. 예를 들면 인플루엔자의 감염률은 겨울에 더 높다. 다른 계절보다 낮은 온도는 감염된 사람이 재채기를 한 뒤 공중에 떠 있는 비말飛沫 속 바이러스의 확산을 돕는다.

이런 현상은 경제 및 사회 환경에서도 마찬가지다. 예를 들어 시장에 관한 어떤 낙관적인 시각이 있다고 가정해보자. 어떤 요소들 때문에 그러한 시각의 감염률이 증가하여 결국 전염률이 퇴치율을 넘어서게 되면, 그러한 시각이 널리 퍼지게 된다. 대중들은 그 시각을 뒷받침하는 논쟁들에 점점 더 많이 노출될 것이고, 곧 그 시각은 걷잡을 수 없을 정도로 널리 퍼지게 될 것이다. 특정 경제 논쟁이 보다 자주 눈에 띄게 되면, 사람들은 그 논쟁이 포함하고 있는 합당한 지식 때문에 그 논쟁이 관심을 끄는 것이라 생각한다. 논쟁의 부각 원인이 실제로는 '사회적 전염' 때문이라는 주장은 아직 제기된 바 없다. 일부 대학의 사회학 전공자들은 그런 주장을 제기한 적이 있을지도 모르겠으나, 그 테두리 밖에서는 아직 없었다.

최근 투기적인 부동산 붐에서, 시장에 대한 낙관적인 시각이 분명 크게 눈에 띄었다. 칼 케이스^{Karl Case}와 나는 시장이 호황을 누리고 있었을 때인 2005년에 설문조사를 실시한 적이 있다. 우리는 샌프란시스코 주택 구매자들에게 향후 10년 동안 예상 주택가격을 물었다. 중간 예상 가격은 연간 9퍼센트 상승이었고, 평균 예상 가격은 연간 14퍼센트 상승이었다. 응답자들 가운데 약 3분의 1이 큰 기대를 갖고 있었다. 심지어는 연간 50퍼센트 상승을 기대하는 이도 있었다.

샌프란시스코의 주택 구매자들은 대체 무엇을 근거로 그런 예상을 했던 것일까? 그들은 주택가격이 급등하는 현실을 보았고, 그러한 상승에 대한 다른 이들의 해석을 들었다. 우리는 다른 이들의 해석이나 기대가 전염되는 현실을 목격했던 것이다.

부동산 붐 동안 이띤 일이 발생하면(예를 들어 사업 지역의 재개발 호재 등), 그중에서 중요한 부분이 많은 이들의 관심이 쏠려 있는 시장에 의해, 그리고 시장에서 목격한 가격에 의해 각색될 뿐 아니라, 언론매체에 의해 부풀려진다.

여기서 '부풀려진다'는 것은 무슨 의미인가? 언론은 가격 움직임에 관한 여러 가지 이야기들을 만들어낸다. 가격이 상승 움직임을 보일 때, 언론은 '새로운 시대'에 대한 이야기들을 추가로 손질하여 호도한다. 여기서 순환 고리가 만들어진다. 즉, 가격 상승이 '새로운 시대' 이야기에 대한 믿음을 강화시키고, 그러한 이야기들의 전염력이 더욱 강해져 가격 상승을 한층 부추김으로써 투기적 버블 시기에 '가격 상승-이야기-가격 상승'이라는 순환 고리가 형성된다.

이러한 순환 고리는 '가격 상승-경제활동-가격 상승'이라는 양상도 띤다. 투기적 가격 상승으로 인해 실질적으로 사람들 사이에 경제에 대한 낙관적인 시각이 확산되어 소비가 더욱 증가하고, 그 때문에 경제가 더욱 성장하고, 그 때문에 낙관적인 시각이 더욱 확산되고, 그 때문에 가격이 한층 상승하는 순환 고리가 형성되는 것이다. 보통 경제적 번영을 이루어냈다는 의식이 투기적 버블을 부추기는 결과를 초래하지만, 실질적으로는 경제의 기초여건이 좋아져서가 아니라 버블 그 자체가 그러한 의식을 불러일으킬 수도 있다.

특정 환경 아래에서는 투기적 버블 시기에 전염과 순환이 발생하는 현상을 완벽할 만큼 이성적으로 설명할 수 있다. 그러므로 그러한 버블은 '이성적 버블'이 아니냐는 주장이 제기되기도 한다. 실제로 많은 경제이론가들이 이러한 버블이 가능한지 갑론을박하고 있다.

이성적 버블 이론에서 중요한 것은 다른 사람의 행동을 관찰함으로써 그 사람이 갖고 있는 정보에 대해 알 수 있다는 것이다. 다른 사람의 머릿속을 들여다보는 것은 불가능하기 때문에 그 사람이 갖고 있는 정보에 사람들이 직접적으로 대응할 수는 없다. 그렇지만 가격을 다투어 올릴 때처럼 다른 사람의 행동(경제 여건에 대한 유용한 정보를 반영하고 있는 것 같은 행동)을 토대로 이성적인 판단을 내릴 수는 있다.

문제는 지나치게 낙관적인(혹은 비관적인) 시각이 팽배해 있을 수도 있다는 것이다. 그런 경우 다른 사람들이 갖고 있는 정보를 이성적으로 판단한다고 해도 올바른 판단을 내릴 수 없을 것이다. 수실 빅챈다니 Sushil Bikhchandani, 데이비드 허시라이퍼 David Hirshleifer, 이보 웰치 Ivo Welch 같은 경제학자들의 표현을 빌리면, 투기적 버블은 '인포메이션 캐스케이드 information cascade(일닝 성보의 폭포. 정보가 폭포처럼 쏟아져 나오면서 원하는 정보를 찾기가 점점 어려워져서 개인들이 다른 사람들의 결정을 참고해 자신의 의사를 결정하는 현상―옮긴이)'에 의해 발생할 수 있다. 단순히 다른 사람들 모두가 틀릴 수는 없다는 생각 때문에, 특정 집단에 속한 사람들이 일반적인 정보를 신뢰하고 독자적으로 수집한 개별 정보를 무시할 때(만약 그렇게 하지 않았다면 그러한 정보 덕에 그들은 붐이나 여타 대중적인 믿음에 동조하지 않았을 것이다) 인포메이션 캐스케이드가 발생한다.

이렇듯 독자적으로 수집한 정보를 무시하고 대신 일반적인 정보에 따라 행동할 경우 사람들은 대개 독자적으로 수집한 정보에 대해 함구하게 된다. 따라서 그들이 속한 집단은 그 정보를 이용할 수 없게 되고, 그 집단이 판단을 내리는 데 그 정보가 아무런 영향을 미칠 수 없게 되어 궁극적으로 그 집단의 정보의 질이 점점 떨어지게 된다.

심리학·역학·경제학 이론 모두가 투기적 자산에 대한 열망이 가격 상승을 부추기고, 가격 상승이 가격 상승을 한층 부채질하는 환경이 때때로 투기적 버블을 일으킬 수 있음을 말해준다. 그러한 버블들은 알아보기 힘들 정도로 역동적일 수 있다. 경우에 따라서는 임의적으로 움직여 예측이 불가능할 수도 있다.

버블의 오해와 진실

지금까지 설명한 버블 해석 방식은 전형적인 버블 해석 방식이 아니다. 부동산 붐의 원인으로 흔히 거론되는 다른 요인들이 있다. 여기서 강조하고 싶은 것은 버블의 원인으로 지적되는 이런 요인들이 버블의 '산물'이지, 버블을 일으킨 외적 원인이 아니라는 것이다.

미국 연방준비제도이사회는 기준금리인 연방기금금리를 2003년 중반 1퍼센트까지 낮추고, 2004년 중반까지 그 수준을 유지했다. 주택가격이 가장 높은 상승률을 보인 것도 거의 그때다. 게다가 인플레이션이 반영된 실질 연방기금금리는 주택가격이 급상승한 2002년 10월부터 2005년 4월까지 31개월 동안

109

네거티브 금리(물가상승률보다 낮은 금리)를 기록했다. 1974년 9월 부터 1977년 9월 사이의 37개월을 제외하고, 1950년 이래 이처럼 오랫동안 저금리가 유지된 적이 없었다.

하지만 이처럼 느슨한 통화정책이 버블의 외적 원인으로 작용했다고 생각해서는 안 된다. 연방준비제도이사회뿐 아니라, 세계 다른 중앙은행들의 그와 같은 통화정책은 1990년대 주식시장 버블 붕괴가 조성한 경제 여건 때문에 어쩔 수 없이 강구된 것이었다. 그리고 부동산 붐 그 자체가 어떤 의미에서는 1990년대 주식시장 버블의 반동이었다.

통화정책 결정에 참여했던 앨런 그린스펀과 다른 이들이 머지않아 주택 버블이 터질 것을 간파했더라면, 아마 그런 느슨한 통화정책을 쓰지는 않았을 것이다. 그러므로 이해 부족이 버블 자체를 초래했던 것처럼, 이해 부족이 그러한 통화정책을 추진하는 데 일조했다고 할 수 있다. 연방준비제도이사회에서는 경기 침체 및 디플레이션 예방에 지나치게 주력했다. 그것은 비록 상승 속도가 느려지기는 하더라도 주택가격 상승이 언제까지나 계속되리라 전망했기 때문이다. 그들이 버블을 먹여 살리는 통화정책을 쓰고 있는데도 말이다.

저금리로는 9년간의 주택시장 붐을 설명할 수 없다. 부동산 붐 기간이 저금리 기간보다 세 배 더 길었고, 연방준비제도이사회에서 1999년 이자율을 높였을 때도 부동산 붐은 가속화되었다. 게다가 고정금리 모기지 이자율을 결정하는 장기금리는 부동산 붐 후반에 들어서야 하락했지 그 이전에는 그리 하락하지 않았다.

느슨한 통화정책의 영향력을 확대시킨 것은 2000년 이후 (특히 서브프라임 대출자들에게 제공된) 다수의 조정금리부 모기지 대출이었다. 이러한 모기지들은 고정금리 모기지보다 연방준비제도이사회의 금리 인하 정책에 민감하게 반응했다. 그래서 주택가격이 매우 빠르게 상승한 2004년경, 금리 인하는 주택 붐을 한층 더 부채질하는 역할을 했을 것이다.

조정금리부 모기지가 일반화된 것은 버블 사고의 영향을 받아 가능한 한 많이 부동산투자를 하기 원했던 사람들이 조정금리부 모기지를 신청했기 때문이다. 얼마 지나지 않아 모기지 금리가 상향 조정되리라는 명백한 사실도 그들의 투자 열기를 막지 못했다. 그들은 주택가격 급상승으로 이자 부담을 메울 수 있으리라 기대했다. 또한 주택가격이 상승하면 보다 저리로 재융자를 받을 수 있으리라 생각했다. 서브프라임 대출자들이 조정금리부 모기지를 과도하게 선호한 것은 계산에 그리 밝지 못했기 때문이기도 하고, 주택시장에서 발판을 마련하겠다는 단순한 생각에 사로잡혀 있었기 때문이기도 하다.

대출기관들은 대출 기준이 보다 느슨한 대출상품에 대한 소비자들의 요구를 받아늘였다. 그것은 대출기관들 역시 버블에 대한 '환상'을 믿었기 때문이다. 대출기관들이 되판 모기지들에 투자한 투자자들도 마찬가지였다. 무서류 대출이 일반화된 시기, 그리고 옵션부 조정금리부 모기지와 여타 의문스러운 새로운 유형의 모기지 상품들이 확산된 시기가 부동산 급등 시기와 일치하는 것도 이 때문이다.

게다가 신용평가기관들이 취약한 모기지 관련 증권들에 AAA 등급을 주었다. 그것은 그들 역시 버블이 터지지 않으리라 믿었기 때문이다. 붐이 계속될 것이냐에 의문을 품고 있기는 했지만, 주택가격이 결국은 떨어지리라는 이론을 바탕으로 모기지 관련 상품들의 등급을 낮추는 극적인 조치를 취하려 하지는 않았다. 그러한 조치를 취하려면 대단한 용기가 필요했다. 그러므로 보다 쉽게 결정을 내릴 수 있는 다른 비즈니스 사안들에 밀려, 결국 손을 쓸 수 없는 지경에 이르게 되었던 것이다.

부동산 버블의 원인으로 종종 언급되는 또 다른 요인은, 공격적인 대출을 통제해야 하는 규제기관들이 규제를 제대로 하지 않았기 때문이라는 것이다.

1980년 금융제도개혁법^{Depository Institutions Deregulatory Monetary Control Act}
이 법제화되면서 주^州의 고리대금 금지법이 사라지고, 대출기관들이 피할 수 없는 채무 불이행과 차압비용을 상쇄할 수 있을 만큼 충분한 대출 금리를 부과함으로써 서브프라임 대출로 이익을 올릴 수 있게 되었다. 그 결과 규제 범위를 확대할 필요가 생겨났다. 하지만 규제는 확대되지 않았고, 1990년대를 거쳐 2000년대에 이르기까지 비은행권 모기지업체들의 '그림자 금융 시스템^{shadow banking system}'●은 규제를 받는 은행권과 달리 규제 없이 발전할 수 있었다. 그렇지만 규제기관들이 그러한 규제 마련을 시급히 여기지 않은 것은 결국 지금과 같은 대규모 주택 위기가 닥칠 수 있다고 생각하지 않았기 때문이다.

2005년 나는 미국의 은행감독기관인 통화감독청^{Office of the Comptroller of the Currency: OCC}과 연방예금보험공사에서 버블이 거의 절정에 달했다고 말한 적이 있다. 그때 그곳 관계자들은 대출 붐과 관련해 어떤 조치를 취해야 하는지에 대해 나와 다른 의견

● 그림자 금융 시스템: 머니마켓펀드, 주식 딜러, 헤지펀드를 비롯한 비은행 금융기관들이 고수익·고위험 채권을 사고파는 과정에서 유동성을 새롭게 만들어내는 것을 뜻한다. 전면에 드러나지 않고 대형 은행이나 보험회사의 그늘에 가려져 있다고 하여 '그림자'라는 말을 사용한다.

을 보였다. 나는 터질 수밖에 없는 버블에 연료를 공급하고 있는 과도한 모기지 대출을 중단시키는 즉각적인 조치를 취할 것을 촉구했다. 그들은 나의 주장이 옳다는 것을 알지만(아마도 그들 가운데 일부는 정말로 그렇게 생각했을 것이다) 그에 대한 합의를 이루어내려면 시간과 협상이 필요하다고 했다. 곧 버블이 터지리라는 나의 주장 때문에, 그들 중 상당수는 나를 믿지 못할 극단주의자로 보는 것 같았다.

2006년 10월에 나는 예일투자클럽^{Yale Investment Club}에서 후원하는 패널에 참석한 적이 있다. 대표적인 모기지업체인 프레디맥의 수석 경제학자 프랭크 노태프트^{Frank Nothaft}가 자리를 함께했다. 당시 나는 그에게 주택가격 하락에 대비해 스트레스 테스트^{stress test}(금융 시스템 스트레스 테스트의 준말로, 예외적이지만 발생할 수 있는 사건이 터졌을 때 금융 시스템이 받게 되는 잠재적 손실을 측정하는 방법－옮긴이)를 해본 적이 있는지 물었다. 그는 해보았다고 대답했다. 심지어 주택가격이 전국적으로 13.4퍼센트 하락할 가능성까지도 따져보았다고 했다. 나는 반박했다. "그 이상 떨어질 가능성은 따져보지 않았습니까?" 그는 대공황 이후로 그런 일이 일어난 적이 없다고 대답했다.

1980년대 주택가격 붐 이후 주택시장의 붕괴 동안 미국 정부는 연방주택기업 재무안정 및 건전화법^{Federal Housing Enterprises} Financial Safety and Soundness Act of 1992 (일명 GSE법)을 통과시켰고, 그 결과 정부후원기관^{Government-Sponsored Enterprise: GSE}인 패니메이와 프레디 맥의 리스크를 감독하는 연방주택기업감독청^{Office of Federal Housing} Enterprise Oversight: OFHEO이 탄생했다. GSE법에 따르면, 연방주택기업감독청의 목표 중 하나는 금융시장이 얼어붙을 가능성조차 차단하는 것이다. 연방주택기업감독청은 여전히 우리 곁에서 조직적인 리스크가 발생할 가능성에 주의를 기울이고 있다. GSE법에 따르면, 연방주택기업감독청은 이자율 역마진 발생 가능성과 신용 리스크에 대해 스트레스 테스트를 해야 했고, 그들은 실제로 그러한 스트레스 테스트를 실시했다.

하지만 2007년 의회에 제출한 연간보고서를 보면, 연방주택기업감독청은 주택 붐의 심리적 원인을 이해하지 못하고 있었을 뿐 아니라 주택 붐이 리스크의 주된 원인임을 인지하지 못했다는 사실을 알 수 있다. 이러한 규제기관들은 리스크를 간파하지 못했고, 프레디맥과 패니메이가 주택 붐을 계속 부양하도록 내버려두었다.

궁극적으로, 감독해야 할 위치에 있는 사람들이 대중들과 마찬가지로 주택가격이 상승하리라는 기대감에 사로잡혀 있었기 때문에 이러한 모든 요소들이 버블을 키웠던 것이다. 그들 대부분이 주택 붐을 열성적으로 믿지는 않았다고 해도 주택 붐이 좋지 않게 끝날 것이라고 생각하지는 않았다. 하지만 유감스럽게도 주택 붐은 좋지 않게 끝났다.

서브프라임 시장 붕괴에 많은 기관들이 총체적 혼란에 빠진 것을 보면, 그렇게 큰 대가를 요하는 채무 불이행 사태가 벌어지리라 예상하지 못했다는 것을 알 수 있다. 한 예로 2007년 말, 은행들은 재무회계기준Financial Accounting Standard 114조 적용 면제를 요청했다. 재무회계기준심의회Financial Accounting Standards Board가 발표한 이 조항에 따르면, 은행들은 미래 현금흐름의 현가를 기준으로 부실채권을 보고해야 한다. 그것은 그러한 보고 책임을 표준화하여 규제기관에 부실을 숨기는 것을 어렵게 하려는 시도다. 은행은 그와 같이 대규모 대출구조 조정 작업을 수행할 수 있는 전산 시스템이 갖춰져 있지 않다고 주장했다. 그들은 위기가 다가오고 있다고 보지 않았기 때문에 그러한 전산 시스템을 개발하지 않았던 것이다.

전 세계적인 금융경색에서 우리는 이러한 혼란을 확실히 확인할 수 있다. 세계 각국의 많은 기업들이 부동산시장과 직간접적으로 연결되어 있는 자산의 가치가 변해도, 그로 말미암은 재정 손실을 방어할 방법을 갖추고 있지 않았던 것이다.

경제학자인 하이먼 민스키^{Hyman Minsky}와 찰스 킨들버거^{Charles Kindleberger}가 오래전에 주장했던 것처럼, 이러한 상황을 초래한 대출 기준 약화는 투기적 버블의 정상적인 과정의 일부다. 낙관적인 시각이 팽배해 있는 상황에서 사람들은 (그들에게는 매우 먼 이야기로만 들리는) 반락 가능성으로부터 자신을 보호할 방법을 모색하기보다, 호황인 경제 상황을 온전히 이용할 방법을 찾는 경향이 있다.

새로운 시대에 대한 환상

결국, 주택투자가 더할 나위 없이 좋은 생각이라는 새로운 믿음이 1990년대 후반 이후 버블을 키웠다. 하지만 왜 하필 그 때 그런 일이 일어난 것일까? 그 전에는 국내적으로 혹은 국제적으로 왜 그런 생각을 하지 못했던 것일까? 2000년 이후 부동산에 대한 기대가 특별히 전염병처럼 퍼진 이유는 무엇일까?

마치 2000년 이전에는 사람들이 투기에 관심이 없었던 것 같다. 하지만 사실은 그렇지 않다. 역사적으로 토지 투기는 전

117

국적으로 악명을 떨쳤던 현상이었다.

역사가인 아론 사콜스키 Aaron Sakolski는 1932년 자신의 저서 《미국의 토지 버블 The Great American Land Bubble: The Amazing Story of Land-Grabbing, Speculations, and Booms from Colonial Days to the Present Time》에서 투기 분위기는 미국 역사가 시작될 무렵부터 이미 조성되고 있었다고 주장했다. 그는 책의 첫머리에 이렇게 적었다. "미국은 시작부터가 투기였다."*

사콜스키는 18세기부터 미국이 이주민들의 나라가 되리라는 인식이 널리 퍼져 있었다고 주장했다. 땅 투기꾼들은 1600년대 말부터 1에이커에 1실링을 주고 수천 에이커를 사들였고, 오랜 시간이 지난 뒤 이주민들에게 구매가격의 두세 배 되는 가격에 그 토지들을 되팔았다. 투기 열풍이 분 것이다. 때때로 토지에 지나치게 비싼 값이 매겨지기도 했다. 훗날 그것은 토지 가격 폭락과 투자자들의 파산을 초래하기도 했다. 일부 최고 권력자들도 토지투기 열풍에 휘말렸다. 사콜스키에 따르면, 조지 워싱턴과 같은 초기 미국인도 토지투기꾼이었다.

---

* Aaron Sakolski, *The Great American Land Bubble: The Amazing Story of Land-Grabbing, Speculations and Booms from Colonial Days to the Present Time*, New York: Harper and Brothers, 1932, p. 1.

호머 호이트^{Homer Hoyt}는 1933년 자신의 저서 《시카고 토지가격 100년사 ^{One Hundred Years of Land Values in Chicago}》에서, 시카고의 토지가격도 이와 비슷한 투기 양상을 보였다고 주장했다. 그에 따르면, 1920년대 말 '대중의 관심이 부동산시장에서 주식시장으로 옮겨가면서' 토지투기가 막을 내렸다고 한다. 그렇지만 사콜스키와 마찬가지로 호이트가 언급하고 있는 것은 시카고 도심의 유망한 부지를 사들인 토지투기꾼들 이야기이지, 이익을 올리길 바라며 평범한 동네에 주택을 구입한 개인주택 보유자들의 이야기가 아니었다.

부동산투기의 전통적인 이 두 세력이, 1930년대 부동산 위기가 절정에 달했을 때 등장한 것은 결코 우연의 일치가 아니다. 부동산투기에 대한 대중들의 관심이 바로 그때 절정에 달했기 때문이다. 그리고 지금 우리는 또다시 부동산투기에 대중의 관심이 고조된 시기에 접어들었다. 주택투기에 관한 새로운 서적들이 다량 출간되었으며, 1990년대 주식시장 붐의 후유증으로 부동산시장에 관심이 다시 집중되면서 버블 사고의 사회적 전염력이 강화되었다.

주식시장 붐은 경제에서의 자신의 역할에 대한 일반인들의 사고를 변화시켰다. 누구나 주식투자로 거액을 벌 수 있다는 생각이 확산되었다. 단순히 투자 전략과 관련된 사고만 바뀐 것이 아니라, 미국인들의 자아를 지탱하고 있는 자긍심 구조까지 변화시켰다. 즉, 오랫동안 국민 정서의 근간을 이루었던 프로테스탄트 직업윤리가 변화를 겪으면서, 미국인들은 단순히 열심히 일하기만 하는 사람들을 더이상 존경하지 않게 되었던 것이다. 진정으로 존경받으려면, 열심히 일할 뿐 아니라 현명한 투자자가 되어야 했다.

버블의 가장 뿌리 깊은 원인이자 버블이 끝난 뒤에도 쉽게 사라지지 않을 변화는, 바로 '우리 자신에 대한 사고의 변화'다. 조지 애커로프 George Akerlof 와 레이첼 크랜튼 Rachel Kranton 은, 사람들이 무엇을 먹고 무엇을 타느냐보다 자신이 어떤 사람이고 다른 사람들에게 자신이 어떻게 보이느냐에 보다 많은 관심을 기울인다는 것을 경제이론가들이 당연하게 생각해야 한다고 설득력 있게 설명했다.* 투자자로서의 삶이 단순히 목표에 이르기 위한 수단이 아니라 그 자체가 삶의 또 다른 목표가 되고 있는 것이다.

• George Akerlof and Rachel Kranton, "The Economics of Identity", *Quarterly Journal of Economics*, 115(3): 715~753, 2000.

1990년대 이후, 우리는 현명한 투자자들 역시 세상을 움직이고 뒤흔드는 사람들이라는 생각을 하게 되었다. 중국, 인도, 러시아, 브라질, 그리고 여타 개발도상국들은 신흥 자본주의가 (부동산과 공급이 제한된 여타 자산들에 투자하는) 신흥 부자들을 탄생시키고 있다고 믿기 시작했다. 물론 그러한 국가들은 실질적으로 발전하고 있었다. 문제는 오늘날 부동산시장에서 이러한 신흥 자본주의에 관한 이야기들이 과장되었다는 것이다.

과거의 버블과 비교했을 때, 최근 버블의 다른 점은 '새로운 시대' 이야기가 부동산가격을 끌어올리는 경제적 압력으로 작용하고 있다는 것이다. 과거의 부동산 버블은 상대적으로 '지역적'이었고, 특정 이야기가 특정 지역의 버블 현상은 설명할 수 있지만 미국 전역의 부동산 상황을 효과적으로 설명할 수는 없었다.

20세기 상반기 최대 버블인 플로리다의 토지 버블은 1925년에 절정에 달했고, 플로리다 이외의 지역으로 확산되었다. 하지만 플로리다의 토지 버블은 미국 전역의 도시 주택가격 상승에 상대적으로 사소한 영향을 미쳤다. 미국 전역의 실질주택가격이 1921~1925년의 버블 절정기에 19퍼센트밖에 상승하지 않았기에 하는 이야기다. 당시 자동차가 널리 보급됨에 따라 자동차로 출퇴근하기 쉬운 지역으로 플로리다에 대한 관심이 증폭되고 있었고, 그 결과 그 지역 토지가 빠른 속도로 소진되고 있다는 이야기가 돌았다. 하지만 그런 이야기로는 멀리 떨어진 신시내디나 도론토에서의 부농산 붐을 효과적으로 설명할 수 없었다.

지역적인 주택 붐은 분명 오래전부터 있어왔다. 카우보이들과 인디언들이 미국 서부를 활보하고 다니던 시절에도 주택 붐은 있었다. 미국 서부가 여전히 개척지여서 토지가 넘쳐났던 시절에 어떻게 주택 붐이 일어날 수 있었을까? 하지만 주택을 구입하기 위해 전국에서 캘리포니아 남부로 사람들이 몰려들면서 주택 붐이 일어났다. 그리고 캘리포니아에서 발생한 버블에 대해서는 효과적으로 설명해주지만 다른 지역에까지 일반화시킬 수는 없는, 캘리포니아에 관한 이야기가 있었다.

캘리포니아의 버블은 1880년대에 형성되어 1887년 절정에 달했고 1888년에 마침내 터졌다. 미국 언론들은 버블이 발생했을 때 연일 그와 관련된 보도를 했고, 캘리포니아의 생활 방식과 살기 좋은 기후, 그리고 아름다운 경치를 끊임없이 칭찬했다.

반면 캘리포니아에 그렇게 큰 붐이 일어난 이유를 놓고 회의적인 시각을 보인 이들 역시 많았다. 1887년 12월 26일 〈로스앤젤레스타임스 Los Angeles Times〉에 '남부의 붐'이라는 제목의 기사가 실렸다. 그 기사에서, 로스앤젤레스 거주민이 아닌 기자는 자신이 관찰한 바를 이렇게 적었다.

붐의 진원지인 로스앤젤레스에 가면, 당신은 호텔 측으로부터 식사는 가능하지만 방은 없다는 말을 듣게 될 것이다. 당신은 얼굴을 찌푸리고 머리를 긁적이며, 하필 그날 그렇게 사람이 많은 것을 유감스러워한다. 당신은 포기하지 않고 여기저기 기웃거리다 마침내 보조침대를 하나 배정받고 기뻐한다.

오전에 당신은 관광을 하러 나간다. 첫 번째 블록을 벗어나기도 전에 구경거리들이 눈에 들어온다. 걸으면 걸을수록 볼거리가 늘어난다. 당신은 "내 눈은 신의 영광을 보고 있다네"라는 오래된 노랫말을 "내 눈은 붐의 경이를 보고 있다네"로 저절로 바꿔 부르게 될 것이다. 며칠 동안 로스앤젤레스를 돌아다녀도 모든 것을 볼 수는 없다. 로스앤젤레스를 묘사하려는 시도는 무모한 짓이다. 건설 중에 있는 새로운 건물 수를 세는 것은 하늘에 떠 있는 별의 수를 세는 것과 같기 때문이다.

당신이 "어떻게 이런 일이 일어난 것이죠?"라고 묻는다면, 사람들은 "붐 때문이죠"라고 대답할 것이다. 당신은 "그렇다면, 붐이 뭐죠?"라고 물을 것이다. 우리는 다양한 직업을 가진 수십 명에게 같은 질문을 했다. 하지만 누구도 그 질문에 답할 수 없었다. 미국 역사에서 그것은 재정적으로, 경제적으로 전례가 없는 일이리는 말만 들을 수 있었을 뿐이다. 또한 우리는 붐이 계속될지에 대해서도 물었다. 그러자 자발적으로 일어난 붐이므로 계속될지는 알 수 없다는 답변이 되돌아왔다.•

이 이야기는 우리가 2000년대에 들은 이야기와 매우 비슷하다. 가격 상승과 그에 따른 건설 붐, 건설 붐이 일어난 이유에 대한 당혹감, 이 모두가 2000년대 상황과 비슷하다.

1880년대 붐 동안 미국 언론에 실렸던 이야기들로 판단컨대, 모든 미국인들이 캘리포니아 부동산 붐에 대해 들은 적이 있다는 의미에서 그 붐은 국가적이었다고 할 수 있다. 다른 주에 살고 있는 많은 이들이 붐에 편승하기 위해 캘리포니아 남부로 밀려들었다. 그렇지만 사람들은 그 붐이 자신이 살고 있는 도시에까지 확산되리라고 생각하지는 않았다. 그 붐을 다루고 있는 기사들은 항상 그것이 캘리포니아의 붐임을, 캘리포니아

• "The Southern Boom", *Los Angeles Times*, December 26, 1887, p.6.

의 보기 드문 아름다움과 쾌적한 기후 때문에 그러한 붐이 일어난 것이라고 강조했다.

그렇지만 그것만으로는 설명되지 않는 부분들이 있다. 캘리포니아는 매우 방대한 지역이고 지역 대부분이 기후가 좋다. 그리고 1880년대에는 새로운 집을 지을 수 있는 미개발 토지와 농지가 매우 많았다. 캘리포니아의 도시들이 매우 살기 좋고 독특한 장소로 발전하고 있으므로, 그곳의 주택들이 가치가 있고 향후 그 가치가 상승할 것이라고 많은 이들이 생각했던 것이 틀림없다.

그렇지 않고는 1880년대에 사람들이 캘리포니아 도심에서 약간 떨어진 큰 농장을 구입할 수 있었음에도 불구하고 굳이 캘리포니아 도심의 값비싼 주택을 구입했던 이유를 어떻게 설명할 것인가? 물론 어떤 의미에서 그들의 생각은 옳았다. 오늘날 로스앤젤레스는 경제적·사회적·문화적 허브로서 여전히 매우 중요한 곳이니 말이다. 다만 그들이 제대로 이해하지 못한 것은 가격 상승의 규모다. 그들은 1880년대부터 가격이 그렇게 많이, 그리고 그렇게 빨리 오르리라 예상치 못했던 것이다.

대부분의 사람들이 버블의 진정한 특성을 이해하지 못하고, 투기적 사건을 정보에 대한 이성적인 대응으로 생각한다. 왜냐

125

하면 그들은 사고가 가진 전염력을 이해하지 못하기 때문이다. 다시 말해 우리들의 사고가 버블에 수반된 이야기들을 '사실 그대로 받아들이는 경향'이 있다는 것을 모르고 있기 때문이다.

버블과 환상의 악순환

1990년대 이후 무엇이 달라졌기에, 그렇게 많은 지역에서 갑자기 주택투자 열풍이 불게 된 것일까? 이 질문에 답하려면 우선 어떤 힘이 버블을 일으켰는지 생각해봐야 한다. 예를 들면, 1630년대 네덜란드에서는 왜 튤립 열풍이 불었던 것일까? 그리고 그 후 튤립 열풍은 왜 사라진 것일까? 나는 《비이성적 과열》에서 이 문제를 다룬 적이 있다. 그러므로 여기서는 몇 가지 기본적인 관점들만 제시하도록 하겠다. 쉽게 떠올릴 수 있는 관점들 가운데, 원유가격과 곡물가격뿐 아니라 주택에 대한 버블 사고를 부추기는 관점들이 있다.

많은 국가에서(특히 중국과 인도 같은 신흥 국가에서) 자본주의 제도의 부상과 관련된 '새로운 시대' 이야기들이 투자자들의 상상력을 사로잡고 있다. 그들은 상상력을 발휘하여 그러한 이야기들을 (에너지, 곡물, 금, 여타 금속을 포함해) 서로 다른 많은 시장들에서의 가격과 결부시키고 있다. 세계 에너지 위기와 식량 위기뿐 아니라, 주택 버블의 이면에는 바로 그런 이야기들에 대한 과도한 관심이 자리 잡고 있다.

많은 애널리스트들이 이런 모든 투기적인 사건들 사이의 관계를 간파하지 못하고 있다. 예를 들면 일부 애널리스트들, 특히 폴 크루그먼Paul Krugman은 원유 저장량이 급증한 적이 없기 때문에 원유가격에 버블이 있을 수 없다고 주장했다. 그는 투기자들이 원유 수요에 적극적인 영향을 미치지 못한다고 생각했다.* 그렇지만 원유 저장량이 급증한 적이 없음에도 불구하고, 주택가격과 마찬가지로 원유가격은 본질적으로 강한 투기성을 띤다. 원유 선물가격을 통해 엿볼 수 있는 것처럼 원유가격이 미래에 더욱 오를 것이라는 일반적인 시각 때문에 생산자들은 새로운 유전 시설 건설에 당장 적극적으로 투자하는 것을 꺼린다. 그리고 규제기관들은 성급한 유사油砂 개발, 해저 시추, 혹은 새로운 파이프라인 건설이 환경에 미칠 영향을 생각하여 원유 개발을 꺼릴 수 있다. 원유는 대개 땅속에 저장되어 있고, 사람들

---

* Paul Krugman, "The Oil Nonbubble", *New York Times*, May 12, 2008, A19.

은 원유가격이 내리지 않고 오를 것이라 생각하기 때문에 높은 원유가격에도 불구하고 지금 당장은 땅속에 그대로 묻어두는 것을 선호한다.

기대한 주택 버블 시기에 우리가 들은 새로운 시대의 이야기 에는 주택가격과 토지가격이 하나로 섞여 있다. 이러한 혼합물 은 부분적으로 버블 그 자체의 산물이다. 과거에는 일반 도시에 서 지가地價가 보통 주택가치의 15퍼센트 정도밖에 되지 않았 다. 따라서 건물은 지속적인 관리가 필요하고, 지속적인 관리에 도 불구하고 결국 구식이 되어버리는 자동차와 배처럼 주택도 가치가 저하되는 제품으로 생각했다. 그렇지만 이제는 주택가 격에서 예상 건축비를 뺀 값으로 정의되는 지가가 주택가격의 50퍼센트를 넘어서고 있으므로, 우리는 마치 주택이 토지인 양 생각하기 시작했다. 매일같이 주택을 보며 살고 있기 때문에, 새로운 버블 시기에 주택을 최고의 투자처로 설명하는 이야기 들이 사회적 전염률이 높은 것은 당연한 일이다.

우리가 저지르고 있는 실수는 토지의 가치가 올라간 이 상황 을 '새로운 균형 상태'로 생각하는 것이다. 그러므로 당연히 우 리는 보다 좁은 토지 위에, 혹은 보다 저렴한 토지 위에 주택을 지을 방법을 모색하게 될 것이다. 도심에 고층 아파트처럼 밀도가 높은 주택을 지음으로써, 도심의 놀고 있는 토지들을 적극적으로 개발함으로써, 혹은 새로운 도심을 건설함으로써 문제를 해결할 수 있다. 하지만 이러한 방법은 주택 구매자들의 일반적인 생각이 제대로 반영되지 않은 해결책이다.

사실 이용할 수 있는 토지는 많이 있다. 그렇지만 부동산 붐으로 도시의 토지가 다른 지역의 토지와 매우 다르다는 생각, 심지어는 장기적으로도 값싼 토지가 값비싼 도시의 토지를 대신할 수 없다는 생각, 그러므로 향후 도시 지가가 상승할 수밖에 없다는 생각이 널리 확산되어 있다. 이것은 버블 사고에 매우 중요한 부분으로, 다음 장에서 보다 자세히 살펴볼 것이다.

버블의 포로가 되다

최근 주택가격 버블을 이해하려면, 주택가격은 놀랄 정도로 예측 가능성이 높다는 점을 감안할 필요가 있다. 주택시장은 가격이 '랜덤워크random walk(등락을 거듭하는 주가의 움직임을 취객의 갈지자걸음에 비유한 표현 – 옮긴이)'를 닮은 주식시장과는 완전히 다르다. 주식시장에서는 주가가 오늘 올랐다, 내일 내렸다 할 수 있다. 주가는 상대적으로 패턴이 정해져 있지 않다. 그렇지만 주택시장의 경우에는 가격이 몇 년 동안 한 방향으로 움직이는 듯했다. 미국 주택가격은 1997년부터 2006년까지 매년 상승했다. 1991년 마이너스를 기록했던 주택가격 인상률은 2005년까지 대체로 증가세를 보였다. 즉, 14년 동안 주택가격 인상률이 거의 상승세를 이어갔던 것이다.

버블 사고는 특정한 가격 트렌드가 계속되리라 믿는 것이다. 그러한 사고는 주식시장에는 대개 적합하지 않다. 보통 주식시장에서는 가격 트렌드가 가변적이기 때문이다. 그렇지만 이상하게도 주택시장에서는 가격이 상당히 합리적으로 움직이는 것처럼 보인다. 적어도 주식시장이 붐을 맞고 있을 때는 그렇게 보인다. 앞서 2장에 수록된 그림들을 보면, 최근 몇십 년간 주택시장의 움직임을 예측하는 것이 얼마나 쉬웠을지 알 수 있다.

칼 케이스와 나는 1989년 〈아메리칸 이코노믹 리뷰American Economic Review〉에 기고한 기사에서, 주택가격의 이와 같은 예측 가능성을 입증한 바 있다. 그 기사에서 정말 혁신적이었던 것은 '반복매매 주택가격지수(두 번 이상 반복 거래된 동일 주택의 가격변동률로 산정한 지수)'다. 이것은 주택가격이 실질적으로 어떻게 움직이고 있는지 처음으로 보여주었다. 한때 내 학생이었던 앨런 와이스$^{Allan Weiss}$는 이 지수를 현실에 적용해보고 싶어 했다. 그래서 1991년 우리는 이 지표를 이용하기 위해 케이스쉴러와 이스 사$^{Case Shiller Weiss Inc.}$를 설립했고, 앨런 와이스가 회사를 맡아 운영했다. 우리는 그 회사를 2002년에 파이서브 사$^{Fiserv Inc.}$에 매각했다. 그 회사는 린다 래드너와 데이비드 스티프가 데이비드 블리처의 지시 아래 S&P 지수위원회의 각종 지수를 만드는 곳이다.

우리가 그 회사를 설립했던 1991년에 가장 많이 거론되었던 주택가격지수는 전미부동산중개인협회에서 발표한 단순한 주택 중간 가격으로, 변동이 매우 심했다. 월별 대형 주택과 소형 주택 거래가 뒤섞여 있었기 때문이다. 어떤 달에는 대형 혹은 고가 주택들이 많이 거래되고, 또 어떤 달에는 소형 혹은 저가 주택이 많이 거래될 수 있다. 그러므로 이러한 자료를 바탕으로 만든 시계열표는 주식시장처럼 등락을 거듭했다. 하지만 나와 케이스가 개별 주택가격 변동을 토대로 주택가격지수를 만들어 여러 주택 거래가 섞여 있는 자료의 문제점을 보정했고, 그 결과 주택가격 변동이 매우 완만하다는 것을 입증했다.

주택가격은 어떻게 그렇게 예상이 가능한 것일까? 투기적인 주택가격은 예상하기 어렵지 않을까? 그러한 가격은 적어도 랜덤워크에 가깝지 않을까? 하지만 통계 자료를 분석해본 결과, 주택가격은 예상 가능성이 매우 높다는 것을 확인할 수 있었다.

그렇지만 어떻게 그럴 수 있을까? 이것은 수요공급 법칙에 따르면 결코 발생할 수 없는 시세 치액이 아닌가? 주택가격을 예상할 수 있다면, 주택 붐 시기에 돈을 빌려 주택을 구입해두었다가 1년 정도 뒤에 처분하여 거액을 벌 수 있는 것 아닌가? 부동산으로 돈을 버는 것이 어떻게 그렇게 쉬울 수 있을까?

2000년대 붐 시기에 부동산으로 돈을 버는 것이 쉬웠던 것은 사실이다. 물론 주택시장의 변화를 이해하고 있었던 사람이라면 말이다. 분명 1990년대에 제공된, 주택가격에 대한 보다 나은 데이터를 이용해 일부 스마트 머니Smart money(장세 변화에 따라 신속하게 움직이는 자금 – 옮긴이) 투자자들은 붐을 이루고 있는 주택시장에 투자했을 것이고, 주택에 투자했다가 적기에 정리한 투자자들은 일반적으로 좋은 성과를 거두었을 것이다. 주택가격 예측이 가능하다면 적기에 투자를 정리하는 것 역시 그렇게 어렵지 않았을 것이다. 실제로 가격이 하락하기 전, 향후 주택가격이 하락할 것임을 알려주는 조짐들이 2년 동안 있었다.

이처럼 이익을 올릴 명백한 기회가 버블의 중요한 원인이었다. 그러한 기회가 버블을 일으키는 순환고리를 강화시키기 때문이다. 다른 사람들이 몇 년 동안 주택을 구입하여 많은 이익을 올리는 것을 보았기 때문에, 사람들은 자신들도 주택을 구입하여 이익을 올릴 수 있다고 생각했다.

어떻게 그렇게 많은 사람들이 버블에 사로잡힐 수 있었을까? 그들은 버블을 단순한 전환점으로 보지 않았다. 잠시 편승했다가 시장 상황이 반전되기 전에 빠져나와야 하는 단순한 전환점 말이다. 다음 장에서 살펴보겠지만, 그들은 붐이 영원히 계속 이어지리라는 이야기를 믿었다.

4장

버블 근원에 대한 이해 :

왜곡되고 과장된 부동산 신화

왜곡되고 과장된
부동산 신화

착시 현상

최근의 버블 현상은 오래된 신화(인구 증가와 경제성장, 이용 가능한 자원의 부족 때문에 부동산가격은 시간이 지날수록 오를 수밖에 없다는 신화)에 대한 대중들의 믿음을 강화시켰다.

1990년대 말 이래, 사람들은 기존 도시들의 독특한 매력과 특별한 지위를 믿게 되었다. 앞서 3장에서 보았던 것처럼, 자본주의 세계의 부의 증식 속도가 인구 증가로 인한 주택가격 상승 속도를 앞지를 것이라는 생각이 이러한 믿음을 강화시키는 역할을 했다.

사실 몇십 년 동안 선진국들의 GDP가 매년 약 3퍼센트 증가했다. 그리고 장기적으로 그런 추세가 계속될 가능성이 높아 보였다. 그러한 GDP 성장률은 선진국이 아닌 국가들의 GDP 성장률보다 훨씬 높다. 일부 사람들은 그 때문에 실질주택가격도 비슷한 상승세를 보일 것이라 예상한다. 그렇지만 현실적으로 실질주택가격은 GDP와 비슷한 성장세를 보이지 않았고, 앞으로도 그런 일은 없을 것이다.

국민소득 가운데 주택에 쓰이는 소득 비중은 몇십 년 동안 상당히 일정했다. 그렇지만 늘어난 소득은 주택 '가격 상승'이 아니라, 주택 '소비량 증가' 형태로 표출되고 있다.

현실을 직시한다면, 기존 도시지역에서 주택가격이 상승하여 투자자들이 부자가 되었다고 말하기는 어려울 것이다. 만약 지난 100년 동안 실질주택가격이 매년 3퍼센트 올랐다면, 우리는 당시 살 수 있었던 것보다 더 크고 좋은 주택을 오늘날 구매할 수 없었을 것이다. 하지만 주택들이 실제로 훨씬 더 커지고, 더 좋아진 것을 우리는 알고 있다.

미국 인구조사국에 따르면, 신축 단독주택의 평균 건평은

1973년 142평방미터에서 2006년 209평방미터로, 거의 50퍼센트 증가했다. 건평은 주택의 품질을 평가하는 척도 중 하나다.

1960년대 이래 미국 인구조사국에서 만든 동일품질주택가격지수Constant Quality Index of Home Prices(질적 수준이 동일한 주택의 가격 변화를 지수화한 것 – 옮긴이)를 이용하여, 우리는 신축 주택의 평균가격을 비교할 수 있다.

신축 주택의 명목평균가격은 1963년부터 1998년까지 35년 동안(최근 버블이 시작되기 전인 이 시기를 선택한 것은 왜곡을 막기 위해서다) 8.605배 증가했다. 그렇지만 인구조사에서 마찬가지로 만든 동일품질신축주택가격지수(질적 수준이 동일한 신축 주택의 가격(분양가) 변화를 지수화한 것 – 옮긴이)는 5.928배만 증가했다. 동일품질신축주택가격지수 증가율 대비 동일품질주택가격지수 증가율의 비율은 1.452이다.

이것은 1963년에 비해 1998년에 신규 주택이 전체적으로 45퍼센트 더 좋아졌다는 것으로 해석할 수 있다. 이 척도에 따르면, 신규 주택 품질 향상률은 연 1.1퍼센트였다. 그 기간에 1인당 실질소득 증가율이 연간 2.4퍼센트였던 것을 생각하면 상당히 큰 수치다. 게다가 평균 주택 규모는 1960년 인구조사에서 3.29명이었던 것이 1990년 인구조사에서는 2.63명으로 떨어졌다. 즉, 연간 0.7퍼센트 감소한 셈이다.

우리는 늘어난 소득을 보다 큰 주택을 구입하는 데 쓸 수 있었다. 그러고도 우리는 여행을 늘리고, 여가 비용을 늘리고, 보다 우수한 보건 서비스를 받는 등 다른 여러 가지 방법으로 생활수준을 향상시킬 돈을 여전히 갖고 있었다. 이처럼 소득 못지않게 주택가격이 증가했지만, 우리가 그 때문에 애를 먹었던 것은 분명 아니다.

주택가격이 떨어질 수밖에 없는 이유

경제학자 윌리엄 바우몰^{William Baumol}은 일명 '바우몰의 법칙'으로 유명해진 이론(기술 발전에 호의적인 재화 혹은 서비스의 생산비용은, 기술 발전에 호의적이지 않은 재화나 서비스의 생산비용에 비해 시간이 지날수록 감소된다는 이론)을 주장했다.

예를 들면 기술 발전의 덕을 톡톡히 보고 있는 교육 방식이 아니라, 전통적인 교실 수업에 크게 의존하고 있는 교육 방식의 경우 시간이 지날수록 교육비용은 증가할 것이다. 새로운 도구, 방식, 그리고 원료로 생산이 크게 향상될 수 있는 방식의 비용에 비해서 말이다. 따라서 바우몰의 법칙대로라면, 주택가격(적어도 주택가격을 구성하고 있는 요소들의 가격)은 시간이 지날수록 떨어져야 한다.

하지만 우리가 가지고 있는 실질건축비용 자료에 따르면, 1세기 동안 실질건축비용은 내림세를 보이지 않았다. 이는 2장의 그림 2-1에 잘 나타나 있다. 비록 1900년부터 1930년대 대공황까지, 그리고 지난 20년 동안은 실질건축비용이 내림세를 보이긴 했지만 말이다. 하지만 1990년대 버블이 시작되기 전까지는 주택가격이 강력하고 지속적인 상승세를 보인 적은 없으므로, 적어도 바우몰의 법칙이 지켜지지 않았다고 할 수는 없다.

물론 토지를 만들어낼 수는 없다. 두바이의 인공섬과 일부 지역을 제외하고 토지의 양은 영원히 고정되어 있다. 그러나 토지는 주택 건축에 필요한 한 가지 요소일 뿐이다. 만약 도시지역의 높은 지가가 주택가격 상승을 유발한다면, 건축업체들은 이 희소 자원을 최대로 활용할 좋은 방법들을 찾아낼 것이다.

그들은 도시지역에 주택을 보다 밀도 높게 건설할 수도 있다. 밀도 증가를 반대하는 세력들(특히 그것을 주택가격을 하락시킬 위협으로 간주할 기존 주택 소유자들)이 있기는 하겠지만, 국민들에게 보다 많은 주택을 공급해야 한다는 도덕적 정당성과 자신의 능력을 십분 발휘할 기회를 모색하고 있는 개발업자들의 끈질김을 감안했을 때, 장기적으로 밀도 증가에 반대하는 세력이 승리할 가능성은 희박하다.

그리고 도시 확대에 이용할 수 있는 토지들이 여전히 많이 있다. 2000년 미국 인구조사에 따르면, 도시의 토지 면적은 미국 전체 토지 면적의 2.6퍼센트밖에 되지 않는다. 주요 도시의 주택들이 고가인 것은 토지의 독특한 가치 때문이 아니라, 도시의 환경과 밀접한 관련이 있는 '위치' 때문이라 할 수 있다. 계획적이고 협조적인 노력을 통해 도시의 환경은 재조성될 수 있는 것이다.

환상적인 부동산 투자처로서, 매력적인 도시에 대한 믿음 이면에는 애국심이 희미하게 자리잡고 있다. 많은 이들이 위험할 정도로 자신이 살고 있는 도시에 대한 환상을 갖고 있다.

나는 터키의 이즈미르 Izmir에서 가까운 오즈데르 Ozdere에 위치한 아름다운 해변 리조트에서 국제적인 투자 전문가 집단과 야외에서 점심을 먹은 적이 있다. 에게 해 위로, 한때 수학자 피타고라스와 천문학자 아리스타르코스가 살았던 그리스의 사모스 섬이 보이는 아름다운 환경 속에서, 나는 사람들의 믿을 수 없는 애향심에 대해 그들에게 이야기했다.

예를 들어, 나는 캘리포니아에 대한 캘리포니아인들의 감정을 이야기했다. 그들은 캘리포니아의 기분 좋은 날씨와 아름다운 경치를 자랑스럽게 생각하고 있다고 말했다. 캘리포니아인들은 "모든 이들이 이곳에서 살고 싶어 한다"고 종종 말한다. 나는 캘리포니아인들에게 정기적으로 설문지를 돌리고 그곳의 부동산 상황에 대한 비평을 부탁하고 있기 때문에 많은 캘리포니아인들이 그런 말을 한다는 것을 잘 알고 있다.

터키에서 나는 그곳에 모인 사람들에게 "여기보다 캘리포니아에 있었으면 하시는 분, 손 한번 들어보시겠어요?"라고 물었다. 아무도 손을 들지 않았다. 터키에 있는 많은 사람들은 아마도 캘리포니아의 아름다운 장소들을 잘 모를 것이다. 캘리포니아인들이 터키의 아름다운 장소들을 잘 모르는 것처럼 말이다. 다른 사람들로부터 계속 주목을 받고 있다는 믿음(심리학자인 토머스 길로비치는 이것을 일명 '스포트라이트 효과'라고 부른다)이 자신이 살고 있는 도시를 실제보다 아름답게 생각하는 심리를 북돋운다.

자신이 사는 도시에 대한 일종의 애향심은 좋은 현상처럼 보인다. 주택 보유를 권장하는 프로그램들이 그러한 애향심을 부추긴다. 그렇지만 그러한 심리 역시 투기적 버블 생성에 일조한다. 옛날부터 캘리포니아는 미국에서 버블이 가장 심한 곳이었다.

이러한 문제를 해결할 방법은 냉혹한 시장원리에 부동산시장을 열어두는 것이다. 6장에서 자세히 논의하겠지만, 우리는 시장을 민주화해야 한다. 진정으로 세계 여러 곳의 출신으로 구성된 터키인들은 부동산을 처분할 수 있을 만큼 시장 상황이 좋으면, 버블 시기에 캘리포니아 부동산을 매각할 것이다. 그리고 그러한 행동은 서브프라임 위기에 일조한 가격 괴리 같은 현상이 발생하는 것을 예방할 것이다. 물론 '열린 시장'이 모든 버블을 예방하지는 못할 것이다. 하지만 그러한 시장에서는 '견제와 균형의 시스템'이 제대로 작동하여 우리가 최근 목격한 이례적인 주택가격 폭등, 그리고 그것이 신용시장에 미친 부정적인 영향이 되풀이되는 것을 예방할 수 있을 것이다.

건축비용의 신화와 진실

미래에는 건물을 지을 토지가 부족할 것이라는 갖가지 소문이 돌았던 것처럼, 붐 시기에 '급등하는 건축비용'에 관한 다양

143

한 소문이 돌았다. 그런 소문들은, 건축자재가 동이 날 수도 있고 건축자재의 부족 현상으로 미래에는 주택가격이 더 비싸질 수도 있다는 생각을 심어주었다.

앞에서 살펴본 그림 2-1의 선축비지수가 그러한 가상이 현실이 될 수 있음을 입증하지는 못한다. 비록 버블 시기에 일부 다른 비용 지표들이 비용 급등 현상을 보이기는 했지만 말이다. 그것은 아마도 보틀넥인플레이션$^{bottleneck\ inflation}$(일부 생산 요소의 부족으로 애로가 발생함으로써 생산 능력의 증가 속도가 수요의 증가 속도를 따라가지 못해 병목현상으로 물가가 상승하는 현상 – 옮긴이)이었을 것이다. 예를 들어 주택 붐 시기에는 노련한 건설인력 부족 현상이 발생할 수 있고, 건축인력 교육을 확대시키기 전까지 그러한 현상은 해소되지 않을 것이다. 그렇지만 주택가격은 단기적으로 판단할 것이 아니라 장기적인 관점에서 살펴보아야 한다. 실제로 건축자재들이 고갈되고 있는 것일까?

주택을 짓는 데 필요한 주요 건축자재들에는 목재, 석고, 콘크리트, 유리, 그리고 강철이 있다. 세계적으로 이러한 자재들이 어느 정도 고갈된 상태일까?

우선 목재는 재생 가능한 자원이다. 목재는 고갈될 수 없다. 주요 상업용 조림지들의 경우 지속적인 관리가 이루어지고 있다. 목재 생산지들은 인구 압력이 그리 높지 않다. 또한 기술 발전으로 보다 효율적인 목재 이용이 가능해지고 있다. 나무를 모두 베어버리는 정책보다 목재 생산량 최적화 정책이 강구되고, 제재소의 전산화로 낭비가 줄어들고, 보다 우수한 건축용 합판이 개발되는 등 여타 다양한 혁신이 이루어지고 있다. 또한 지구온난화가 목재의 공급을 증가시키고 있다. 그리고 유전공학이 수목 성장률을 향상시킬 수도 있다.

다음으로 석고판 및 인조벽판의 주성분인 석고는 매우 흔히 볼 수 있는 광물이다. 거대한 하얀 석고 모래 언덕들이 끝없이 펼쳐진 광경으로 유명한 화이트샌드 국립공원^{White Sands National Monument}에는 712평방킬로미터의 순수 석고 모래 지역이 있다. 이러한 특별한 지역에 대한 보호가 이루어지고 있음에도, 당분간 석고 부족 현상은 일어날 가능성이 희박하다. 콘크리트에 사용되는 시멘트의 주성분인 석회석은 지구 전체 퇴적암의 약 10퍼센트를 차지하기 때문이다.

유리는 주로 석영으로 이루어져 있다. 100퍼센트 석영으로 이루어진 경우도 가끔 있다. 석영은 지구상에서 두 번째로 흔한 광물이다.

강철의 주성분인 철은 지구에서 네 번째로 풍부한 자원으로,

지구 표면의 5퍼센트를 차지한다. 다만 인기 있는 철광인 적철광이 많은 국가에서 고갈 위기에 처해 있다. 특히 두 차례의 세계대전 기간 동안, 전쟁이 일어났던 지역에서 철 고갈을 우려하는 목소리가 높았던 것은 사실이다. 그렇지만 광석을 얻을 수 있는 다른 많은 원천들이 있고, 다른 많은 유형의 광석들이 존재한다. 예를 들어 차량과 다리, 대형 건물의 구조물, 선박, 그리고 여타 폐철들을 재활용한다면 추가로 많은 철을 얻을 수 있을 것이다.

이러한 건축자재들 가운데 어느 한 가지 자재가 고갈된다고 해도 다른 자재로 대체될 수 있다. 우리는 상당량의 목재나 석고, 콘크리트, 철, 심지어는 유리 없이도 집을 지을 수 있다. 역사적으로 진흙, 뗏장(흙을 붙여 떠낸 잔디 조각), 짚, 대나무, 종이, 눈을 포함해 많은 자재들이 집을 짓는 데 이용되었다. 심지어는 털 많은 매머드의 엄니, 뼈와 가죽이 이용되기도 했다. 우리가 과거 털 많은 매머드의 소재들을 대신할 무엇인가를 찾아냈던 것처럼, 미래에도 우리는 현재 애용되는 건축자재들 가운데 고갈 위기에 처한 자재를 대신할 무엇인가를 찾아낼 것이다. 사실 그 어느 때보다 빠른 속도로 기술이 발전하고 있기 때문에, 예전에는 상상조차 하지 못했던 새로운 대안들을 찾아낼 것이다.

물론 건축비에서 가장 큰 비중을 차지하는 것은 인건비다. 그렇지만 기술 발전 덕에 제조 산업에서 노동생산성이 연간 2퍼센트 정도 향상되고 있으므로, 이 비용 역시 우리 소득에서 차지하는 비중이 크게 줄어들 것이다.

에너지나 물 부족으로 신규 주택 건설이 어려워질 수 있다는 우려도 있다. 만약 그렇게 될 가능성이 있다면, 주택보다 에너지나 물 공급에 대한 투자를 늘리면 될 것이다.

세계가 발전함에 따라, 우리는 분명 자원이 부족한 시대를 맞이하게 될 것이다. 그렇지만 주택이 '부족 리스트'의 상단을 차지하리라 예상하기는 어렵다. 주택에 대한 요구는 보금자리, 즉 가정을 꾸리고 자녀를 기를 수 있는 공간, 직장과 학교에서 가까운 곳, 사생활 보호가 되는 먹고 자는 공간에 대한 요구다. 그것은 그러한 서비스들에 대한 요구이지, 목재나 콘크리트 같은 어느 한 가지 자원에 대한 요구가 아니다. 가장 기본적인 경제 교훈 가운데 하나는, 어느 한 가지 자원이 희소해지면 사람들은 그것을 대체할 무엇인가를 찾아낸다는 것이다. 건축자재로 이용할 수 있는 많은 다른 자원들이 있으므로, 주택 서비스가 다른 것에 비해 상대적으로 부족해질 것이라고 전망하기는 어렵다.

물론 대중들은 이런 기본적인 경제적 진리를 모르고 있다. 그리고 이러한 이해 부족은 주택 건설에 쓰이는 자원이 고갈되고 있다는 잘못된 인식과 더불어, 투기적 버블이 확산되는 데 일소하고 있다.

.

주거 환경이 변하고 있다

주택이 희소가치를 지니는 것은 사람들이 도심 지역의 희소성을 믿기 때문이다. 그렇지만 완전히 새로운 도심이나 도시를 건설하는 것은 결코 불가능한 일이 아니다.

1980년대 시작된 뉴어버니즘 운동^{new urbanism movement}(인간 중심의 친환경적, 문화적 도시환경을 조성하려는 신도시 계획 – 옮긴이)은 지난 50년 동안 미국과 다른 국가들의 전통적인 도시 개발 방식인 도시 난개발^{urban sprawl}(도시 중심부에서 간선도로를 따라 산발적으로 빈 땅을 개발하는 것)을 저지하려는 시도였다. 교외 주거지들은 기존의 대도시들을 중심으로 그 주변에 건설되었다. 그런 지역들은 지역 중심지가 제대로 갖추어져 있지 않고 계획성 없이 널리 퍼져 있기 때문에, 불필요하게 많은 땅을 차지하고 있다는 문제점 외에도 대도시로 출퇴근하기가 점점 더 어려워져 거주민들이 자가용을 이용해야 한다는 문제가 있다.

본래 뉴어버니즘 운동은, 소규모 지역 중심지를 건설하는 운동으로 흔히 인식되었다. 최근 들어 도시이론가들은 전적으로 새로운 대규모 도심 건설의 필요성을 강조하고 있다.

예를 들어 크리스토퍼 레인버거Christopher Leinberger는 걸어 다니기 편한 대규모 도심(일명 '리틀 맨해튼')들이 필요하지만 아직 수요가 충족되지 못하고 있다고 주장했다. 대중들이 필요로 하는 것은 단순히 기존의 도심이 아니라, 효율적으로 설계된 도심이다. 많은 사람들이 복잡한 도시에 살고 싶어 한다. 그곳에서는 다른 사람들의 활발한 활동이 삶의 자극제가 된다. 인간은 무리지어 사는 것을 선호하는 종족이다. 그러므로 대부분의 사람들이 인적이 드문 곳을 찾는 것은 몇 차례의 잘 짜인 휴가 계획으로 만족한다.

사람들은 걸어 다니기 편한 도시에 사는 것을 좋아한다. 쾌적한 환경 속에서 흥미로운 군중들을 보며 즐겁게 걷다가 온갖 기회를 만날 수 있기 때문이다. 즐거움이 넘치는 세계적인 도시들이 있다. 런던, 뉴욕, 파리, 도쿄 같은 도시들 말이다. 뉴어버니즘의 핵심은 새로운 대규모 도심을 건설하는 것이다. 이것은

149

실질적으로 충족 가능한 요구다. 다만 지속적인 협조와 노력이 필요할 뿐이다.

사실 역사적으로 그런 새로운 도시가 건설된 전례가 있다. 상대저으로 이 무 것도 없는 시골에 새로운 수노가 건설된 경우도 있다. 1790년대 워싱턴 DC가 바로 그 경우다. 물론 지금 워싱턴 DC는 부동산가격이 매우 비싼 주요 대도시가 됐다. 브라질리아, 캔버라, 이슬라마바드도 그런 식으로 건설되었다. 그런 도시들의 부동산 가치가 매우 높은 것은 기존의 혼잡한 도시로부터 멀리 떨어진, 활기 넘치는 신도심을 건설할 수 있다는 생각이 틀리지 않았음을 보여주는 증거다.

민간 자본에 의해 신도시가 건설되는 경우도 증가하고 있다. 그중 하나가 워싱턴 DC에서 가까운 레스턴타운센터^{Reston Town Center}다. 그곳은 로버트 E. 사이먼^{Robert E. Simon}이 건설했다(레스턴의 'Res'는 그의 이름, Robert E. Simon의 이니셜이다). 1960년대부터 짓기 시작하여, 1990년 레스턴타운센터는 그 문을 열었다. 당시 시골이었던 곳에 고층 건물들이 지어졌다. 분명 그곳은 부동산가격이 오르기에 충분한, 보다 전통적인 도시적 특성들을 갖추고 있다. 그리고 높은 부동산가격은 그러한 신도시 공급을 증대시킬 것이다. 이 외에도 레스턴타운센터 같은 신도시들이 수요를 충족시키기 위해 개발되고 있다.

보다 최근의 사례도 있다. 뉴멕시코 앨버커키 근처, 포레스트 시티엔터프라이즈^{Forest City Enterprises}와 코빙턴캐피털파트너즈^{Covington Capital Partners}가 65평방킬로미터의 미개발지 위에 메사델솔^{Mesa del Sol}을 건설하고 있다. 그 신도시에 독특한 성격을 부여할 일자리들과 산업들을 유치할 계획도 있다. 특히 그 도시는 영화와 미디어 스튜디오 본부로 특성화될 것이다. 그곳은 서비스 노동자들이 직면한 문제점(서비스 노동자들은 고객이 살고 있는 지역에 살 경제적 여유가 없다는 것)을 해소하기 위해 소득수준이 각기 다른 사람들을 수용할 계획이다.

중국에서는 상하이 해안에서 멀지 않은 섬 위에 동탄 신도시가 지어지고 있다. 동탄은 영국의 아룹사^{Arup}에 의해 설계되었고, 2050년경 50만 명이 그곳에 둥지를 틀게 될 것이다. 그곳은 걸어 다니기 편한 도시가 될 것이다. 실제로 동탄 개발 계획에 따르면, 전통적인 자동차들은 도심을 다닐 수 없다.

최근 러시아에 갔을 때, 나는 정부의 한 고위 관료를 만났다. 그는 모스크바 근교에 세워지고 있는 콘스탄티노보의 '스푸트니크 도시' 건설에 참여하고 있었다(스푸트니크는 소련에서 발사된 최초의 인공위성 이름이다). 그곳의 규모는 31평방킬로미터로, 메

151

사델솔의 규모의 절반에 해당된다. 이 도시 역시 치밀한 계획 아래 건설되고 있는 계획도시다. 우연찮게도 그곳 역시 영화와 미디어 스튜디오 본부로 특성화될 예정이다. 내가 만났던 러시아 간부는 메사델솔에 대해 들은 석이 없다고 말했다. 그렇지만 두 도시는 비슷한 점이 매우 많다. 전 세계의 창의적인 전문가들은 혼잡한 도시를 보고, 그 문제를 해결하기 위해 무엇인가를 하고 있다. 근본적으로 사람들이 보다 살기 좋은 도시를 요구하고 있고, 현대 건축 기술과 도시 설계 이론이 발달해 있기 때문이다.

이러한 새로운 도시 프로젝트들은 주택가격 상승을 억제할 장기 트렌드 가운데 하나다. 이것은 사람들이 선호하는 지역의 토지 부족 현상이 해소될 것이라는 얘기가 아니다. 다만 100년에 걸쳐 점점 더 많은 토지 개발이 이루어졌고, 토지가 보다 집약적으로 이용되고 있으며, 보다 효율적인 토지 개발을 위해 다른 지역 및 국가로의 이주가 이루어져 왔다는 얘기다. 게다가 다른 사람들을 희생시켜가며 부자들이 누리고 있는 특권 때문에 발생한 경제 불평등에 관한 분노가 세계 정치사에 중대한 영향을 미쳐왔다. 그런 불평등을 해소하기 위해 소유권과 관련된 법규들을 바꾸는 토지개혁이 정기적으로 이루어져왔다.

사실 어떤 의미에서 미국의 서브프라임 위기 그 자체가 또 하나의 토지개혁의 결과라고 할 수 있다. 즉, 서브프라임 위기가 (최근 선거의 주요 테마이기도 했던) 미국 정부의 주택보유율 확대 공약의 결과라고 말할 수도 있다는 얘기다. 그러한 정책 목표 때문에 1990년대와 2000년대에 느슨한 대출 관행에 대한 규제가 이루어지지 않았다. 게다가 신규 건설을 막음으로써 기존 토지 소유자들과 주택 보유자들의 부 증대에 이바지하던 토지이용제한 규정들이 정치적으로 지지 기반을 잃어가고 있고, 결국에는 폐지될 가능성이 높다.

주택가격 상승의 원인으로 작용했던 이러한 안전장치들이 향후 어떻게 될지 현재로서는 예측할 수 없다. 주요 도심들을 괴롭히는 여러 가지 문제점들을 충분히 고려하여 새로운 도심 개발 계획을 세움으로써, 비록 기존의 도심만큼 크지는 않더라도 수적·질적으로 더 나은 새로운 도심들을 건설할 수 있을 것이다. 이러한 새로운 도심들은 언젠가는 기존의 도심들과 경쟁하게 될 것이고, 기존 도심들의 가치를 떨어뜨려 그 지역들의 주택가격을 하락시킬 것이다.

장기 및 단기 정책의 필요성

주택 버블 시기에 사람들은 대부분 주택가격 상승을 희소식으로 여겼다. 기자들에게 주택가격 하락을 전망하면, 나는 그들로부터 '카산드라 Cassandra (예언은 맞지만 아무도 믿지 않는 사람, 혹은 믿고 싶지 않은 예언을 하는 사람을 일컫는 말−옮긴이)'라는 말을 종종 들었다. 하지만 주택가격 하락은 결코 나쁜 소식이 아니다. 만약 주택가격이 소득에 비해 하락한다면 우리는 경제적인 여유가 생길 것이고, 새로운 집에 투자할 여력이 생길 것이다. 우리는 대부분 자녀가 있고 심지어는 손자, 손녀도 있다. 보통 우리보다 그들이 수적으로 더 많을 것이다. 우리는 그들을 진심으로 걱정하고, 우리 사회의 다른 이들을 염려한다. 우리는 그들이 미래에 주택을 구입할 여력이 있길 바란다. 따라서 주택 부족은 결코 희소식이 아니다. 오히려 주택가격 하락이 희소식이다.

정부가 부동산 신화의 정당함을 뒷받침해주고, 주택가격 붕괴를 막는 공공정책을 세워야 한다는 생각은 매우 잘못된 생각이다. 물론 단기적으로 볼 때 주택가격 하락으로 경제가 붕괴될 수도 있고, 시스템 전체에 부정적인 영향을 미칠 수도 있다. 그렇지만 장기적으로 보면 주택가격 하락은 분명 좋은 일이다.

이러한 장·단기 역설은 비슷한 역설을 펼치는 케인스 경제 이론을 연상시킨다. 즉, 갑작스런 저축률 상승이 경기 침체를 유발할 수 있으므로, 단기적으로는 갑작스런 저축률 상승을 두려워하지만 장기적으로는 저축률 상승을 환영한다. 왜냐하면 우리는 미래를 위해 투자할 자원이 필요하기 때문이다.

그러므로 우리는 단기와 장기를 각각 고려해야 하고, 단기와 장기에 대응하는 정책을 각기 다르게 세워야 한다.

다음 장에서는 서브프라임 위기를 극복하기 위한 단기적 대책을 중점적으로 다룰 것이다. 그리고 그 다음 장에서는 장기적 대책을 다룰 것이다.

5장

단기적 대책 :
침몰하는 배에서
탈출하라

5

침몰하는 배에서
탈출하라

구제금융의 그림자

미국에서 이미 시도된, 혹은 제시된 서브프라임 해결책들은 사실상 구제금융의 성격을 띤다. 연방준비제도이사회의 이자율 인하 정책도 마찬가지다. 또한 TAF, TSLF, PDCF의 후원 아래 어려움에 빠진 기관들에 대한 연방준비제도이사회의 대출, 개인들에 대한 조세 환급 조치, 연방주택관리청에 의한 대출한도 확대 조치, 그리고 정부후원기관인 패니메이와 프레디맥에 의

한 모기지 최고한도 확대 조치도 구제금융의 성격을 띠고 있기는 마찬가지다.

우선 '구제금융^{bailout}'의 의미를 명확히 알아보자. 사실 이 단어가 주목받기 시작한 것은 최근 들어서이다. 본래 이 단어는 옥스퍼드 영어사전에 실리지도 못했던 단어다. 이 단어는 무책임한 사람이나 기관이 실패를 딛고 일어나 규칙을 따르도록, 혹은 합리적인 예방 조치를 강구하도록 정부나 여타 기관이 그들을 구제해주는 것을 의미한다. 혹은 가족들과 함께 식탁에 앉아 저녁 식사를 하는 것을 거부하고 밤늦게 배가 고프다며 우는 아이에게 부모가 저녁밥을 줄 때도 'bailout(구제)'라는 표현을 많이 쓴다.

인터넷으로 영자신문들을 검색하여 이 단어가 구제라는 의미로 쓰인 최초의 경우를 찾아보았다. 구제금융이란 표현은 1950년, 대공황 동안 파산한 기업들에 자금을 빌려주어 그들을 구제하기 위해 설립된 부흥금융공사^{Reconstruction Finance Corporation}의 행동을 비난하며 처음 사용되었다. 그전에는 비행기 조종사가 문제가 발생한 비행기를 버리고 낙하산을 타고 탈출하는 의미 (즉, '긴급 탈출'이라는 의미)로만 쓰였다.

물론 일부 사람들은 기존의 계약이나 기대를 무효화하는 정부의 모든 사후 행동을 부당하게 생각할 것이다. 19세기에 선호되었던 표현은 '파산 충격 흡수장치' 혹은 '위험 및 과도매매 프리미엄'이었다. 반면 'bailout'이라는 용어는, 비행 도중 조종사가 비행기를 버리고 낙하산으로 탈출하여, 비행기에 남은 다른 사람들은 비행기 추락으로 타 죽도록 내버려둔다는 의미를 담고 있으므로, 보다 격한 의미를 내포하고 있다.

이 용어는 예전에는 거의 쓰이지 않다가 최근 들어 많이 쓰이고 있다. 이 용어는 요즘에도 '부당' 그리고 '일관성 부족'의 의미를 내포하고 있다. 책임감 있게 행동하여 곤란한 상황에 빠지지 않은, 그래서 구제금융을 신청할 필요가 없는 사람들 입장에서 구제금융은 부당한 조치다.

규칙에 따라 정해진 시간에 가족들과 함께 저녁 식사를 했던 다른 자녀는, 규칙을 지키지 않은 아이를 구제하는 부모에 대해 부당하다는 생각을 가질 수 있다. 마찬가지로 정부가 구제금융을 제공했을 때 궁극적으로 그 비용을 부담하게 되는 이는 납세자들이다.

이 용어는 또한 '기만한다'라는 의미로도 쓰인다. 규칙을 따르지 않은 자녀를 구제하는 부모는, 그 자녀에게 자신이 특혜를 제공한 사실(즉, 밤늦게 저녁을 챙겨준 사실)을 다른 자녀가 모르길 바랄 것이다. 규칙을 어긴 자녀는 귀여운 변명을 둘러대며, 저녁 식사를 같이하지 못한 자신의 행동을 정당화할 것이다. 부모는 자신의 구제 행동을 정당화하고 가정의 평화를 지키기 위해, 규칙을 따른 다른 자녀 앞에서 그 변명을 못 이기는 척 받아줄 것이다.

심지어 그러한 행동이 부모와 규칙을 어긴 자녀 간에 이루어지는, 모종의 비밀 협정의 결과일 수도 있다. 하지만 어쨌든 규칙을 따른 자녀는 그런 위선적인 행동을 보고 부당함을 느낄 것이고, 향후 규칙을 지킬 마음이 그만큼 줄어들 것이다.

서브프라임 위기로 어려움에 처한 기업들을 보호하기 위해 연방준비제도이사회가 이자율을 크게 낮추었을 때, 그 조치는 누구보다 무책임하게 행동하여, 혹은 누구보다 무모하게 리스크를 감수하여 파산 위기에 처한 기업들에 가장 큰 영향을 미쳤다. 이자율 인하 조치는 부도 위기에 처한 기업들에게 여유 자원을 제공했지만 그 자금은 하늘에서 뚝 떨어진 것이 아니었다. 부분적으로 그러한 자원들은 MMF^{Money Market Fund}(단기 금융상품인 머니마켓펀드)나 저축예금과 같은 단기 상품에 투자하여 그 이자소득으로 살아가는 사람들의 주머니로부터 나온 것이다.

결국 그러한 사람들은 이자소득이 점점 줄어드는 불이익을 당하게 될 것이다. 이자율 인하가 결과적으로 인플레이션을 초래할 경우, 자국 통화표시 자산을 보유한 사람들이 불이익을 당하게 될 것이다. 규칙을 어긴 자녀에게 특혜를 제공한 부모처럼, 연방준비제도이사회도 구제금융의 결과로 결국 누가 불이익을 당하게 될지는 결코 말하지 않을 것이다.

서브프라임 사태 때문에 파산 위기에 처한 예금기관들을 구제하기 위해 2007년 연방준비제도이사회에서 TAF 제도를 도입했을 때, 그것은 또다시 다른 이들을 희생시키면서 무책임한 일부 기관들을 도와주었다. 모든 예금기관들이 참여할 수 있는 입찰 형식을 취하기는 했지만, 가장 도움이 절실했던 예금기관들이 TAF 덕에 시장에서는 절대 불가능한 이자율에 자금 지원을 받을 수 있었다. 만약 연방준비제도이사회에서 충분한 자금을 입찰 방식으로 공급한다면, 그것은 분명 구제금융이다. TSLF와 PDCF 같은 연방준비제도이사회의 대출 프로그램들도 기본적으로 상황은 마찬가지다.

이러한 구제 조치들은 역사적으로 중요한 의미를 갖는 조치들이다. 1930년대 이후, 연방준비제도이사회에서 직접 감독하지 않는 은행들에까지 구제금융이 확대된 것은 처음 있는 일이었기 때문이다. 이러한 프로그램들을 통해 연방준비제도이사회는 대출채권을 구입할 시장이 준비되지 않은 상황에서 서브프라임 채권을 포함해 대출채권을 담보로 자금 지원을 하고 있다.

분명한 것은 이러한 채권들을 좋은 가격에 팔 수 있는 시장이 존재했다면, 기관들은 그 시장에 부실채권들을 팔았을 것이다. 결국 연방준비제도이사회는 시장에서 팔리지 않을 무엇인가를 제공하고 있는 것이다. 연방준비제도이사회는 다른 이들이 손대지 않을 채권에 투자하는 위험을 감수하고 있다. 그러므로 이것은 구제금융인 것이다.

그렇다면 이러한 구제금융으로 발생하는 비용은 누가 부담하게 될까? 물론 연방준비제도이사회가 이러한 담보 때문에 손해를 입는 일이 발생하지 않는다면 아무도 비용 부담을 하지 않아도 될 것이다. 그렇지만 담보 때문에 손해를 입는다는 것이 채무 불이행에 빠진 대출을 구제할 자금이 부족해진다는 것을 의미한다면, 연방준비제도이사회는 연방정부에 지불할 자금이 줄어들 것이고 결국 국민들에게 더 많은 세금을 부과하는 결과를 초래할 것이다.

향후 연방준비제도이사회나 다른 중앙은행들이 또 다른 형태의 구제금융을 제공할 수도 있다. 중앙은행들은 특히 오일 가격이 스태그플레이션을 일으킬 경우, 인플레이션을 눈감아주는 경향이 있다. 부동산가격 하락으로 순채무가 늘어난 사람들에게는, 그러한 정책이 구제금융 효과를 낼 것이다. 대신 명목통화로 표시된 채권을 갖고 있는 사람들은 그만큼 손해를 입게 될 것이다. 중앙은행의 이와 같은 구제 방식은 그 역사가 매우 오래된 방식이다.

2008년 경기부양법 Economic Stimulus Act이 법제화되면서 소비를 활성화시키기 위해 개별 소비자들에게는 조세 환급이 이루어졌는데, 그것 역시 어떤 의미에서는 구제금융이었다. 고소득 납세자도 일부 조세 환급을 받기는 했지만, 대부분 저소득 납세자들이 환급금을 챙겼기 때문에 이 조치는 부분적으로 구제금융이었다. 그리고 모든 납세자들(주로 고소득 납세자들)에게 보다 높은 세금을 부과함으로써 조세 환급으로 발생한 비용이 충당될 것이다.

조세 환급금이 고소득 납세자들에게 돌아가지 않는다고 해서, 그래서 눈에 빤히 보이는 속임수는 아니라고 해도 그것은 결국 일종의 눈속임이다. 대부분의 환급금 수령자들은 오늘 돌려받은 환급금이 향후 더 높은 세금으로 돌아오리라는 것을 모르기 때문에, 그러한 조치가 취해질 수 있었던 것이다. 그러므로 환급금은 평생 세후 소득에는 실질적인 영향을 미치지 못한다. 다시 말해 생각 있는 이성적인 소비자들의 소비에는 환급금이 아무런 영향도 미칠 수 없다는 얘기다.

저소득자들은 환급금을 일종의 선물로 생각할 수도 있다. 향후 조세 인상 형식으로 그 비용을 부담하게 되리라고는 예상하지 못하고 말이다. 그래서 그들은 향후 더 나은 구제금융 조치를 기대하며 당장 그 돈을 써버린다. 그 결과 소비가 증가한다. 바로 그것이 정부가 그들에게 보다 많은 환급금을 제공하는 이유다.

연방주택관리청과 재향군인관리국Veterans Administration에 대한, 그리고 패니메이와 프레디맥에 대한 정부의 대출한도 상향조정 조치는, 모기지를 신청할 자격이 없어 곤경에 처한 주택 구매자들과 당장 좋은 가격에 주택을 팔 수 없는 사람들에게는 마치 혜택처럼 들렸다. 그렇지만 그러한 혜택이 궁극적으로 어디서 나오는 것인가? 정부는 부를 창출할 수 있는 기관이 아니라, 그저 이 사람에게 부를 받아 저 사람에게 나누어주는 기관일 뿐이다. 그렇다면 이러한 조치에 따른 비용을 누가 부담하게 되겠는가?

당연히 납세자들이 부담해야 할 것이다. 즉, 주택시장 버블에 뛰어들지 않았던 신중한 사람들이 결국 피해를 보는 것이다. 이 정부기관들과 정부보증업체들은 공식적으로는 아니라 해도 근본적으로 미국 정부의 지원을 받고 있다. 이러한 모기지들이 향후 채무 불이행 상태에 빠진다면, 납세자들이 또다시 구제금융이라는 이름으로 이를 구제하게 될 것이다. 그것이 민간 기업들과 이러한 기관들 간의 차이점이고, 이러한 조치가 구제금융이라는 증거다.

그래도 구제금융은 필요하다

지금까지 언급한 부정적인 결과들에도 불구하고, 서브프라임 단기 대책들은 구제금융 조치를 일부 포함하고 있다. 물론 이러한 조치들이 좋은 성과를 거두지 못할 수도 있다. 일반 납세자들의 희생이 예상되지만, 일부 극단적인 사례들에 구제금융이 집중되고 있다. 그리고 거기에 대중들의 관심도 집중되고 있다. 이러한 조치가 일부 도미노 조각이 쓰러지는 것을 막을 수도 있지만, 전반적으로 신뢰도를 손상시킬 수 있다. 구제금융의 이용은 중환자들이나 죽음이 임박한 사람들에 대한 응급처치를 남발해 전염병 확산을 막으려는 조치라고 할 수 있다. 하지만 서브프라임 위기의 규모나 소외받는 사회 구성원들에게 미칠 영향을 감안했을 때, 구제금융은 피할 수 없는 조치이기도 하다. 이것이 바로 지금부터 살펴볼 서브프라임 해법 가운데 하나다.

구제금융이라는 표현을 거의 사용하지는 않았지만, 정부는 국민들을 위해 리스크를 관리하는 일을 오랫동안 해왔다. 데이비드 모스David Moss는 2002년 자신의 저서《다른 모든 이가 실패할 때: 최종적인 리스크 관리자로서의 정부When All Else Fails: Government as the Ultimate Risk Manager》에서 "미국에서 리스크 관리는 포괄적이고 효과적인 공공정책이다. 리스크 관리를 모르고는 미국 경제를 알 수 없다"라고 했다. 사실 금융 이론가들은 세계 각지의 정부들이 자국 국민들 및 기업들과 맺은 암묵적인 리스크 관리 계약을 항상 고려해야 한다. 세계 각국의 이러한 계약들을 간과하는 것은 중대한 이론적 실수가 될 것이다.

정해진 시간에 저녁 식사를 하지 않는 자녀 이야기를 다시 한 번 예로 들겠다. 이번에는 그 집에 고통스러운 병을 앓고 있는, 혹은 정신 장애가 있는 조부모 한 분이 있다고 가정해보자. 아마도 그 아이의 부모는 평소 무거운 마음으로 생활하고 있을 것이다. 이런 상황에서 아이를 울린다면 집안 분위기는 더 무거

워질 것이다. 현명한 부모라면 규칙을 어긴 아이를 우선은 구제해주고, 그 일을 통해 가르칠 교훈에 대해서는 그 다음에 생각할 것이다.

가정의 역학관계와 국가의 역학관계는 완전히 다르지는 않다. 많은 가정에 오랫동안 해소되지 않고 이어져온 갈등이 존재한다. 그로 말미암은 불화와 분노는 잠재되어 있다가 어떤 사건을 계기로 다시 들끓을 수 있다. 오래된 기억이 되살아나 감정이 고조된 순간에는, 훗날 (심지어는 몇 년 뒤에도) 기억에 남아있다가 더 큰 갈등의 원인이 될 뿐인 혹독한 말을 삼가는 것이 중요하다.

마찬가지로 정책 입안자들은 경제제도에 대한 지속적인 불신을 불러일으킬 수 있는 경제적 불행을 막기 위해 노력해야한다. 1930년대의 사건들은 적어도 숫자상으로 매우 오래된 일이다. 우리가 그때의 사건들을 잊어버리지는 않았다고 해도, 더이상 그 일에 감정적으로 휘둘리지 않을 단계에 이르러 있다.

대공황의 시작을 알렸던 사건들은 그 후 10년 동안 이어진 사회적 분위기를 조성하였다. 안정된 좋은 직장을 가졌던 사람들이 일자리를 잃고 집까지 압류당하는 일련의 재난을 겪었다. 일부 사람들은 남은 재산이 없어서 식량 배급을 받기 위해 줄을 서거나 무료 급식소를 찾는 굴욕을 겪어야 했다. 중년의 남성들은 생계를 위해 길거리에서 사과를 파는 처지로 전락했다. 배급을 받기 위해 늘어서 있는 사람들의 사진, 노점상들의 사진이 신문에 게재되어 굴욕감을 더했다. 국민 정서에 각인된 이러한 이미지들은 그 시대의 상징이 되었고, 당대 사람들에게 자괴감을 주었다.

1930년대 초, 하나의 거대한 망으로 연결된 투자은행들이 파산하기 시작했다. 건전해 보였던 은행들이 갑자기 문을 닫자, 사람들은 부당함을 느꼈다. 특히 제시간에 은행에 도착하지 못해서 예금을 찾지 못할 경우는 더욱 심각 했다. 파산한 은행에서 예금을 되찾기 위해 길게 늘어서 있는 사람들의 사진 역시 기억 속에서 쉽게 지워지지 않을 또 하나의 이미지를 제공했다. 굴욕감과 자괴감에 분노와 환멸이 더해졌다.

그러한 경험들, 그리고 그 경험들이 가져다준 오랫동안 지워지지 않을 이미지들이 미국인들의 마음속에 극적인 변화를 불러일으켰다. 그것은 근본적인 변화였고, 깊은 심리적 고통을 보여주었다. 프레드릭 루이 알렌^{Frederick Lewis Allen}은 1931년에 쓴 책 《원더풀 아메리카: 미 역사상 가장 특별했던 시대에 대한 비공식 기록^{Only Yesterday: An Informal History of the 1920s}》에서 "1930년대 초에는 미국 어느 도시에서든 한 블록도 걷지 않아도 변화를 느낄 수 있었다"고 말했다.● 여성들의 옷차림이 달라졌다. 미니스커트가 사라지고, 덜 자극적이고 보다 격식을 차린 옷차림이 등장했다. 금기시되던 깃이 허용되는 새 시대로 접어들고 있다는 흥분이 사라졌다. 로맨틱하고 시적인 연극들과 소설들이 다시 등장하여, 동시대 가치관에 도전했던 다른 연극들과 소설들을 대체했다. 기업가들과 현명한 사업가들에 대한 존경심이 점점 줄어들었다. 당시 매우 충격적이었던 전위적 프로이드학파 심리학자들의 이론에 대한 관심도 줄어들었다. 심지어는 종교적인 사고도 더욱 전통적인 색채를 띠었다. 성경에 맞서 진화론이 재판에 회부되었던 1925년 스코프스 재판 Scopes trial (일명 원숭이 재판) 당시, 대중들은 분명 종교적 주장이 갖고 있는 문제점에 커다란 관심을 보였다. 하지만 그러한 관심 역시 줄어들고, 대신 종교에서 삶의 위안을 찾고자 하는 바람이 그 자리를 메웠다.

1932년 정신과 의사인 W. 베란 울프 W. Beran Wolfe 는 당시 상황을 이렇게 기록했다. "심리적 장막이 미국 전역에 드리워져 있

● Frederick Lewis Allen, *Only Yesterday: An Informal History of the 1920s*, New York: Harper and Brothers, 1931, p. 289.

다. 실직한 미국인은 집에 앉아서 재산을 차압당하지 않게 되었는지 라디오를 경청하고, 빵을 얻기 위해 초라한 모습으로 줄을 서고, 사회사업기관에 미안해하며 구제를 신청한다. 구제 신청까지 거절을 당하면 가장 참을 수 없는 인간적 모욕을 겪게 된다. 노예도덕 slave morality (친절, 박애, 인내, 복종, 겸손을 미덕으로 여기는 도덕률 – 옮긴이)이 되살아나고 있다."**

또한 1930년대에는 과격한 정서가 고조되었다. 하비 클레어 Harvey Klehr는 자신의 1968년 저서 《미국 공산주의의 전성기: 공황 10년 The Heyday of American Communism: The Depression Decade》에서, 노동자들과 지식인들을 포함한 미국인들이 어떻게 공산주의 이론에 현혹되기 시작했는지, 1930년대가 왜 '붉은 10년 Red decade'으로 불리게 되었는지 상세히 묘사했다. 노사관계는 적대적인 관계로 발전했고, 노동분쟁이 이례적으로 격해졌으며, 이는 때때로 폭력적으로 변했다. 경제에 대한 신뢰를 손상시키고 있다는 점에서 지금의 서브프라임 위기는 여러모로 대공황 초기와 비슷하다.

프랑스 경제지 〈레제코 Les Echos〉의 편집인, 프랑수아 랑글레

** W. Beran Wolfe, "Psychoanalyzing the Depression", *Forum and Century* 87(4): 209–15, 1932.

François Lenglet는 자신의 2007년 저서 《1930년대의 위기가 우리 앞에 있다 La crise des années 1930 est devant nous》에서, 1930년대와 지금의 비슷한 점들을 찾아냈다. 가치관과 관습이 변하고 있고 신뢰가 줄어들고 있으며, 심지어 절망이 고개를 쳐들고 있다. 모든 상황이 버블 시대의 도취감이 수그러들고 있음을 말해주고 있다. 호황기에는 사람들이 다른 사람들과 기꺼이 화해하고 협력하지만, 미래에 대한 낙관적인 시각이 퇴색되기 시작하면 사람들은 내성적으로 변하고 이기적인 행동을 하며 두려움과 분노를 느끼게 된다.

벤자민 프리드먼 Benjamin Friedman은 자신의 2005년 저서 《경제성장의 도덕적 결과 The Moral Consequences of Economic Growth》에서, 사람들은 미래에 대한 고무적인 전망을 볼 때 보다 건설적으로 협력할 수 있고 민주주의 원칙과 정치적·사회적 자유화를 지지한다는 세계사적 증거를 제시했다. 반면 경제성장에 관한 전망이 흔들릴 경우에는, 사회를 퇴보시키는 중대한 사건들이 발생한다.

프리드먼은 세계 여러 지역, 특히 유럽에서 1930년대 대공황이 자신이 예상했던 모든 결과들(파시즘의 등장, 반유대주의, 인종차별주의, 민족주의, 2차 세계대전의 발발)을 초래했음을 지적한다. 그렇지만 1930년대 미국은 "여러가지 측면에서 유일하게 예외적인 사례로서 눈에 띈다"고 그는 말한다.* 미국에서는 협동 정신과 변화의 정신이 꽃을 피웠다. 그러한 정신은 뉴딜 속에 잘 나타나 있다. 사회적으로 불안감이 널리 퍼져 있기는 했지만, 제도를 긍정적으로 변화·발전시켜야 한다는 의식 역시 널리 확산되어 있었고, 그러한 의식이 대공황의 절망감을 상쇄시키는 역할을 했다. 우리 모두 더 밝은 세상을 향해 함께 나아가고 있다는 의식이 노동자와 경영자 간의 적대감, 그리고 부자와 빈자 간의 적대감을 진정시켰다.

클레어에 따르면, 1930년대에는 공산주의에 공감하는 이들이 크게 늘어났지만 두 가지 요소 때문에 분위기가 급반전되었다. 공산주의자들의 비난에 대한 루스벨트 행정부의 공격적인 대응 조치와, 대부분의 미국인들에게 공산주의에 대한 영원한 불신을 심어준 1939년 독소불가침조약 Nazi-Soviet Pact 체결, 이 두 가지 요소 때문이었다.

독소불가침조약은 전적으로 외적인 사건이었던 반면, 공산주의자들에 대한 루스벨트 행정부의 조치는 미국 정책 입안자

• Benjamin M. Friedman, *The Moral Consequences of Economic Growth*, New York: Knopf, 2005, p. 159.

들에 의한 사려 깊은 조치였다. 1933년 5월, 잊을 수 없는 중요한 사건이 일어났다. 당시 공산주의 사상에 물든 2차 보너스 군대Second Bonus Army(전시 근무 기간에 대한 보너스의 즉시 지급을 요구하며 워싱턴 DC에 모인 1차 세계대전 참전용사들의 자연발생적인 집단-옮긴이)가 워싱턴 DC 밖에 진을 치고 있었다. 이때 엘리노어 루스벨트 여사가 무릎 높이의 진흙을 헤치고 그들을 찾아갔다. 그녀는 허심탄회하게 그들과 이야기를 나누었고, 그들은 그런 그녀를 보며 루스벨트 행정부가 그들의 마음을 이해하고 있으며 그들의 요구를 (비록 당장은 아니라 해도) 들어줄 의향을 갖고 있다고 해석했던 것이다.

미국과 유럽은 대공황에 서로 다르게 대응했다. 1차 세계대전 종결 때도 그와 비슷한 일이 있었다. 존 메이너드 케인스의 《평화의 경제적 결과》에 제시된 증거를 통해 이러한 사실을 확인할 수 있다. 그는 승리한 연합군이 패전국 독일에, 그리고 승전국과 패전국 국민 모두에게 전후 상황이 미칠 (경제적 영향을 포함하여) 부정적인 영향을 고려하지 않고, 거액의 전쟁 보상금을 패전국 독일에 요구했다고 주장했다. 케인스는 이렇게 적었다.

"라인 강에 보초를 세운다고 프랑스가 안전할 것 같은가? 프랑스 재정이 황폐해진다면, 프랑스가 주변국들로부터 정신적으로 고립된다면, 유혈과 빈곤과 광기가 라인 강 동쪽에서부터 전해진다면, 프랑스가 안전하겠는가?"*

역사를 통해 알 수 있는 것처럼, 당시 불행한 경제협정이 초래할 사회적 변화에 대한 케인스의 우려는 옳았다. 30년 뒤 그것이 2차 세계대전 발발 요인 가운데 하나로 작용했기 때문이다. 따라서 우리는 항상 공정함과 공평한 대우에 대한 대중들의 인식에, 모든 국민에게 기회를 제공할 수 있도록 경제 시스템이 발전하고 있다는 대중들의 신뢰에 관심을 기울여야 한다. 그러한 신뢰가 오늘날 서브프라임 위기로 초래된 경제 위기로 심각하게 손상되고 있다.

현재 경제 위기 때문에 우리는 경제적으로뿐 아니라 사회적으로도 퇴보할 위험에 처해 있다. 우리는 심각한 위기로 사회가 위험에 빠질 가능성조차 차단하는 조치를 취해야 한다. 후진국들이 세계 식량 위기로 자국의 가난한 국민들이 위험에 빠지는 것을 막아야 하는 것처럼, 선진국들도 자국의 가난한 국민을 보호할 의무를 충실히 이행해야 한다. 경제제도에 대한 신뢰와 믿

---

* John Maynard Keynes, *The Economic Consequences of the Peace*, London: Macmillan, 1919, p. xi.

음이 깨지면, 경제뿐 아니라 사회구조도 부정적인 영향을 받을 것이고, 그 결과 우리 모두가 불필요한 고통을 겪게 될 것이다.

현재 필요한 응급처치는 대공황이 요구했던 응급처치와 비슷하다. 1932년 미 하원은행통화위원회the House Banking and Currency Committee의 의장 헨리 스티갈Henry Steagall은 이렇게 말했다. "물론 그것은 기존의 정책이나 이상과 다를 수도 있습니다. 그렇지만 집이 불타고 있는 상황에서 가만히 손놓고 앉아서 어떤 방법으로 불을 끌 것인지 논의만 하고 있을 수는 없습니다. 그럴 때는 이용 가능한 모든 방법을 동원하여 먼저 빨리 불부터 끄는 것이 옳습니다."*

당시 상황을 화재에 비유한 것은 아주 적절한 비유다. 당시 직면해 있었고, 지금도 직면해 있는 실질적인 문제는 이 사람에서 저 사람으로, 이 기업에서 저 기업으로 빠른 속도로 번지고 있는 일종의 대화재이기 때문이다. 보다 걱정스러운 결과는 지금의 위기가 경제 시스템 전체에 부정적인 효과를 미치는 '시스템적인 효과' 단계로 발전하는 것이다.

• "Henry B. Steagall Tells How New Body Will Aid Business", *New York Times*, January 24, 1932, p. 26.

의학에서 특정 외상이 시스템적인 효과를 일으킨다는 것은 처음 외상을 입은 곳에서 멀리 떨어져 있는 기관들을 포함해, 몸 전체에 여파를 미친다는 뜻이다. 예를 들어 다리 상처가 점점 심해질 경우 감염된 다리를 잘라내지 않으면 죽을 수도 있는 것처럼 말이다.

경제학에서 시스템적인 효과는 모두 외부성에 대한 문제다. 특히 극단적인 환경 속에서 나타나는 외부성 문제다. 경제에 이런 시스템적인 효과가 나타나는 것은 흔히 투자자의 신뢰도, 그리고 심리적 혹은 사회적 전염력과 관련이 있다. 대표적인 예로 어떤 한 은행(혹은 소수의 은행)이 파산했을 때, 전국 은행에서 대규모 예금 인출 사태가 발생하는 경우를 들 수 있다. 예금자들은 예금을 찾지 못하게 될 수도 있다는 생각만으로도 모든 은행에서 예금을 인출할 수 있다.

이처럼 예금 인출 사태가 발생했을 때 막대한 자금 수요를 충족시키려면 상당액의 지급 준비금이 필요하지만, 가장 튼튼한 은행이라도 극히 일부밖에 보유하고 있지 않다. 부분지급준비제도 fractional-reserve banking(예금액의 일부만 은행 금고에 보관하고 나머지는 대출하는 제도 – 옮긴이)는 복수 균형 multiple equilibria을 전제로 한다. 즉, 사람들이 은행을 믿으면 은행은 신뢰할 수 있는 곳으로 보이지만, 반대로 사람들이 은행에 대한 신뢰를 잃고 예금을 인출하면 결국 은행은 파산하게 된다. 신뢰 부족이 자기실현적self-fulfilling 예언이 되는 것이다.

이 균형점이 어떤 한 곳에서 다른 한 곳으로 바뀌는 것을 이해하는 것은 여전히 쉽지 않다. 그것이 사회적 전염력뿐 아니라 경제적 전염력을 포함하기 때문이다.

1929년 주식시장 붕괴의 결과로 발생한 1930년대 대공황은 미국과 세계 여타 선진국들에 큰 영향을 미쳤다. 그러한 대공황의 발단은 바로 시스템적인 실패에 있었다. 사실상 이 위기는 1929년 이전, 주택시장에서 시작되었다. 그것이 나중에 주식시장으로 확산되었고, 대부분의 기업에 부정적인 영향을 미치는 심각한 금융 위기를 일으켰던 것이다.

경제역사학자 크리스티나 로머Christina Romer는 1929년 주식시장 붕괴에 대한 대중들의 반작용으로 1930년대 대공황이 시작되었다고 주장했다. 그는 당시 예측가들이 주식시장 붕괴의 경제적 파장에 대해, 1920년부터 1921년까지의 경기 하락, 그리고 1923년부터 1924년까지의 경기 하락 때와는 매우 다른 반응을 보였다고 말했다. 1929년 주식시장 붕괴 직후, 예측가들은 비록 곧 닥칠 공황을 예측하지는 못했지만 이례적으로 어두운 경제 전망을 내놓았다. 로머는 바로 그러한 어두운 전망이 소비를 크게 위축시켰고 결과적으로 대공황을 초래했다고 믿는다.

경기 하락은 경제정책에 대한 정부의 태도를 바꿔놓을 수 있다. 심지어는 경기 하락을 심화시킬 정도로 변화시킬 수도 있다. 대공황 동안 친노동(pro-labor) 정서가 강화된 결과, 정부는 기업들이 노동조합의 요구를 들어주는 것을 장려했다. 그러한 요구들이 기업 외부인들(당시 실업 상태에 있었던 사람들)을 희생시켜가며 기업 내부인들의 배를 불리고 있는데도 말이다.

혁신적인 뉴딜 정책 가운데 하나였던 1933년 전국산업부흥법 the National Industrial Recovery Act 은, 기업들이 임금을 올려주고 노동조합을 인정하는 한 기업들의 독점권을 허용하는 권한을 대통령에게 부여했다. 1935년에 그 법이 위헌 판결이 난 뒤에도, 루스벨트 행정부는 기업들이 노동조합의 요구에 응할 경우 기업들의 독점 활동 규제에 계속 미온적인 태도를 보였다.

오늘날에는 내가《비이성적 과열》에서 언급한 바 있는 어텐션 캐스케이드 attention cascade 가 발생할 가능성이 있다. 어텐션 캐스케이드가 발생하면, 우리는 잊고 있었던 경제적 문제가 발생할 수 있다는 걱정을 하기 시작한다. 어텐션 캐스케이드에서는 경제적 사건이나 문제가 언론의 기삿거리로, 혹은 대담의 주제로 자주 거론되다가 결국 대중의 사고에 지배적인 영향을 미치게 된다. 그러한 변화들은 (특정 대화나 이론 혹은 사실에서 보다 자주 거론되는 식의) 질적인 변화이므로 소비자신뢰지수로 측정할 수 없다. 그러므로 오랫동안 지속될 수 있는 심각한 변화가 진행되고 있는데도, 전통적인 경제학자들은 그러한 기미조차 느끼지 못할 수 있다.

서브프라임 위기는 우리가 예상하지 못했던 것이다. 우리는 잘못 맺은 계약에 묶여 이러지도 저러지도 못하고 있다. 많은 이들이 보다 신중을 기하지 않아서, 쉽게 돈을 벌어 빨리 부자가 될 수 있다는 가능성에 현혹되어 금융의 깊은 수렁 속에 빠지게 된 것은 사실이다. 하지만 어떤 이들은 아무런 잘못도 저지르지 않았는데 곤경에 빠져 궁여지책을 찾고 있다. 모두 마음 같아서는 누가 잘못하고 누가 잘못하지 않았는지 가려내고 싶을 것이다. 하지만 확실하고도 신속하게 시시비비를 가리기는 어려울 것이다.

부동산시장의 붕괴 가능성 속에서 주택 가치의 하락보다 훨씬 더 중요한 것은 시스템적인 효과가 발생할 가능성임을 강조하고 싶다. 주택 가치가 아무리 많이 떨어진다고 해도 주택은 여전히 주택으로 남아 있을 것이고, 우리 모두에게 동일한 서비스를 제공할 것이다. 그렇지만 경제에서 생산 속도가 저하된다면, 그것은 명목 손실이 아니라 실질 손실이 될 것이다. 주택 가치가 저하될 경우 사람들이 부딪힐 대차대조표상의 문제는 금융 손실이다. 그렇지만 그러한 손실이 경제에 대한 대중의 신뢰를 저하시키도록 내버려둔다면, 그것은 막대한 실질 경제 손실로 바뀔 수 있다.

지금처럼 금융 시스템이 막다른 골목에 이르러 있는 상황에서, 우리는 보다 기본적인 사회계약(즉, 한 사회로서 우리는 주요 불행으로부터 모든 사람을 보호하고, 기존의 문제점들이 확산되는 것을 막고, 양식 있게 행동하겠다는 사회계약)에 즉각 의지해야 한다. 지금은 정치적 견해의 차이나 정책 차이를 따지고 있을 때가 아니다. 그러한 사회계약이 가장 값진 보호막이다. 왜냐하면 한 사회로서 우리는 일어날지도 모를 모든 우발적인 사건들에 대한 대비책을 세울 수는 없기 때문이다.

사실 구제금융은 몇백 년 동안 미국 경제뿐 아니라 다른 국가 경제에서도 기본적인 경제 안정화 장치 역할을 했다. 연방준비제도이사회는 1914년 문을 연 이래, 곤경에 빠진 은행들을 구제해왔다. 영국은행도 몇백 년 동안 동일한 역할을 해왔다.

우리는 과거에도 구제금융을 피할 수 없었고, 지금도 그럴 수 없다는 사실을 직시해야 한다.

구제금융을 받지 않은 사람들 입장에서는 당연히 구제금융을 불공평하게 생각할 수 있다. 그렇지만 무엇이 공평하고 무엇이 불공평한지 명확히 판단하기는 어렵다. 우리 경제 속에는 본래 불공평함이 존재한다. 엄청난 소득 격차가 그 증거다. 그리고 이러한 소득 격차가 생기는 데 오래전의 불평등(특히 오래전 미국에서 흑인들이 노예 생활을 하면서 받았던 수입)이 일조를 했다는 것은 부정할 수 없는 사실이다. 그리고 집단적으로 보았을 때 미국의 흑인들은 학대당했던 역사의 경제적 여파를 오늘날까지도 완전히 떨쳐내지 못하고 있다.

저소득자들에게 주택 구입 자금을 지원하고 있는 패니메이와 프레디맥 같은 정부보증업체들뿐 아니라, 연방주택관리청역시 적어도 미국 사회의 소득 불평등 개선에 기여하고 있다고할 수 있다. 게다가 저소득자들에게 주택 구입 자금을 지원하는것은 사회적으로 매우 값진 의외의 효과도 가져온다. 소외당하던 사회 구성원들이 주택 보유를 통해 자신이 성공할 수 있도록 사회적 지원을 받고 있다고 느낀다면, 조화로운 사회 건설이그만큼 쉬워질 것이다.

지금이 저소득자들에 대한 구제금융을 늘릴 때라면, 그것은 긍정적인 일이다. 서브프라임 위기가 국민들의 사회의식 강화에 간접적으로 기여할 것이다.

저소득층을 위한 주택소유자대부공사

주택담보대출자들이 보다 쉽게 대출을 이용할 수 있도록, 과거 최대의 주택 위기 시절이었던 1933년 설립된 주택소유자대부공사를 모델로 새로운 기관을 설립할 필요가 있다. 이 책이 출간될 즈음이면 주택소유자대부공사와 비슷한 기관이 이미 설립되어 있을 수도 있고, 설립이 추진되고 있을 수도 있다.

이와 같은 계획들이 강력한 지지를 얻고 있다. 앨런 블라인더^Alan Blinder와 마틴 펠드스타인^Martin Feldstein 같은 경제학자들과 마이클 바^Michael Barr 같은 법학자들도 이런 계획을 지지하고 있다. 그렇지만 의회에서 이러한 제안을 받아들여 상응하는 조치를 취할지는 여전히 알 수 없다. 아직 그것은 여러 가지 제안들 가운데 하나일 뿐이다. 궁극적으로 의회에서 어떠한 조치를 취하든, 그것은 약화될 수도 있고 비효율적으로 실행될 수도 있다.

또한 조치가 제대로 실행된다고 해도, 서브프라임 위기가 악화된다면 의회에서 그 기관에 추가 자금을 충분히 제공하지 않을 수도 있다.

주택소유자대부공사는 당시 관행보다 더 나은 조건으로 주택대출자들에 모기지를 제공하는 한, 그러한 모기지들을 담보로 모기지업체들에게 자금을 지원했다. 그러한 방식으로 주택소유자대부공사는 단기적으로는 주택담보대출자들이 주택을 차압당하는 것을 막고, 보다 장기적으로는 경제 혁신을 부추겼다. 그것이 바로 새로운 주택소유자대부공사가 지금 할 수 있는 일이고, 해야 할 일이다.

중요한 것은 구제금융의 비용을 소수 투자자들이 아니라 폭넓은 대중들이 짊어지게 된다는 사실이다. 벤 버냉키는 은행들에 수백만 건의 모기지 대출에 대해 부채를 탕감해줄 것을 요구해 왔다. 그는 "부채 탕감이 대출자에게도, 은행들에도 이익이 될 것이다"라고 주장했다.* 물론 제한적인 부채 탕감은 대출 은행에 이익이 될 것이다. 그러나 만약 대출은행이 어려움에 빠

---

* Ben S. Bernanke, "Reducing Preventable Mortgage Foreclosures", speech at the Independent Community Bankers of America Annual Convention, Orlando, Florida, March 4, 2008; http://www.federalreserve.gov/newsevents/speech/bernanke20080304a.htm.

진 주택보유자들에게 보다 나은 모기지 조건을 제시하지 않는다면, 그들은 막대한 대출을 받은 상태에서 주택을 포기할 것이고 그 결과 대출은행도 거액의 법정비용과 대출금 회수 지연에 시달리게 될 것이다.

원리금 상환 조건을 개선시켜 대출자가 원리금을 상환할 가능성이 높다면, 대출은행도 대출자를 도와주는 것이 자신에게도 이익이 된다는 것을 매우 잘 알고 있다. 버냉키는 일부 투자자 집단이 서브프라임 위기가 미국 경제 전체에 미칠 시스템적인 효과를 막아내는 데 필요한 비용을 부담해야 한다고 주장하고 있는 것이 아니다. 다만 그는 대출자와 대출은행 모두에게 이익이 되는 조치들에 관심을 국한시킴으로써, 대출은행들이 이미 이루어진 대출을 회수할 것이 아니라, 대출을 계속 유지해야 한다고 주장하고 있는 것뿐이다. 그의 그러한 주장은 서브프라임 위기를 극복하기에는 효과적이지 않다. 그 방법으로는 경제에 아무런 영향도 줄 수 없기 때문이다.

크리스토퍼 도드 Christopher Dodd 상원의원은 현대판 주택소유자대부공사 역할을 하게 될 연방주택소유자보호공사 Homeownership Preservation Corporation 설립을 제안했다. 나중에 그 제안을 철회하기는 했지만, 기자회견에서 그는 바니 프랭크 Barney Frank 하원의원과 함께, 어려움에 빠진 대출자들을 위해 연방주택관리청의 모기지 보증한도를 3,000억 달러로 늘리자고 제안했다. 그들은 그것을 구제금융이라 부르지도 않았고, 혹은 그 비용을 납세자들이 부담하게 될 것이라고 말하지도 않았지만 채무 불이행률이 커진다면 그렇게 될 가능성이 높다.

단순히 연방주택관리청의 융자한도를 늘리는 것보다는, 도드가 철회한 제안인 연방주택소유자보호공사와 같은 새로운 기관을 설립하는 것이 더 나을 수 있다. 왜냐하면 새로운 기관은 단순히 모기지업체들에 자금이 모이도록 하는 역할 그 이상의 역할을 할 가능성이 높기 때문이다.

새로운 기관은 리더들이 근본적인 변화에 보다 관심을 기울이도록 노력할 것이다. 그리고 그러한 기관을 설립하는 것은 서브프라임 문제를 해결하려는 강한 의지를 표명하는 방법이기도 하다. 우리는 지금 실행되고 있는, 이 주택소유자대부공사 해법의 다른 측면들도 이해해야 한다. 특히 다시 태어난 주택소유자대부공사는 새로운 모기지 관행 확립에 기여할 것임을 이해해야 한다. 이 문제는 다음 장에서 보다 자세히 논의하도록 할 것이다.

단기 대책의 올바른 실행이 필요하다

어떤 단기 대책을 실행할 것인가 못지않게 중요한 것이 있다. 그것은 어떤 마음가짐을 갖고 있는가 하는 것이다.

우리는 단기 대책을 처음부터 바르게 실행해야 한다. 그러기 위해서는 문제를 직시하고, 문제 해결에 충분한 자원을 할당하고, 기본적인 정책 목표를 올바르게 세워야 한다.

여기 제시된 단기 대책들이 성공을 거두려면, 우선 심각한 문제가 존재한다는 것을 리더들이 인정해야 한다. 머지않아 상황이 반전될 것이라고 계속 주장하는 것은 문제 해결에 아무런 도움이 되지 않는다. 대공황 동안 허버트 후버가 바로 그런 전략을 구사했다. 그 후 근본적인 개혁의 필요성에 부딪힐 때마다 정·재계의 거의 모든 리더들이 그 방법을 써먹었다. 그러한 태도는 책임 있는 위치에 있는 사람들이 솔깃해할 만한 제안이지만, 결국 대중을 현혹시킬 구실만 찾고 있다는 비난을 초래할 뿐이다.

우리는 향후 몇 년 동안 조세 환급이 필요한 상황이 발생할 때를 대비해야 한다. 그런 성격의 환급금은 결과적으로 국가 재정에 타격을 줄 것이다. 문제의 심각성을 인정해야 그러한 가능

187

성도 받아들일 수 있다.

주택가격이 지속적으로 크게 하락하여 더 심각한 자산 손실을 입게 된다면(사실 지금으로서는 그렇게 될 가능성이 높다), 보다 심한 압력을 받게 될 은행들과 중개업체들의 자본 적정성 capital adequacy에도 주의를 기울여야 한다. 만약 위험자산에 대한 자기자본비율이 너무 낮을 경우 그들과 거래하는 모든 이들이 그러한 사실을 곧 알게 될 것이고, 그로 인해 시스템은 더욱 얼어붙을 것이며, 상황은 더욱 악화될 것이다.

구제금융이 제대로 이루어질 수 있도록 우리는 충분한 자원을 지원해야 한다. 리더들은 그것이 구제금융이라는 사실을 직시하고, 구제금융이 필요한 이유를 침착하고 신중하게 지속적으로 설명해야 한다. 그럴 때에만 바람직한 효과를 거두기에 충분한 자금이 구제금융에 쓰일 수 있다.

올바른 정책 목표를 세우는 것 역시 중요하다. 구제금융의 목표는 주택시장에서, 주식시장에서, 혹은 여타 투기시장에서 높은 가격을 유지하는 것이 아니다. 근본적인 목표는 제도에 대한, 그리고 서로에 대한 경제적 신뢰를 손상시키지 않고 사회적 정의를 지켜나가는 것이다. 그러므로 구제금융은 가난한 사람들의 고통을 덜어주는 데 집중되어야 한다.

주택가격과 관련하여, 정부는 주택가격 상승을 막는 정책을 구사해야 한다. 우리는 계획적인 대도심이 더 많이 필요하다. 도심을 보다 많이 건설하면 공급이 증가할 것이고, 도시의 주택 가격이 하락할 것이다.

1968년 주택도시개발법 입안자들은 그런 필요를 이해했고, 그 법 덕분에 전적으로 새로운 도시를 건설하는 이들이 주택도시개발부Department of Housing and Urban Development에 지원을 요청할 길이 열렸다. 그 법 때문에 몇몇 새로운 도심이 생겨났다. 하지만 그 법만으로는 충분하지 않다. 새로운 도시개발을 지원해줄 새로운 법제도가 필요하다.

당면한 위기 차원에서는 문제가 상당히 다르다. 우리는 경제정의를 구현하는 데 돈을 써야 한다. 그러기 위해서는 가능한 모든 수단을 동원하여 모기지 대출자들 가운데 누가 속았는지, 누가 부당한 대우를 받고 있는지 판단하여 그들에게 구제금융을 집중해야 한다.

셀프헬프Self-Help(www.self-help.org)나 미국 이웃지원협회 Neighborhood Assistance Corporation of America(www.naca.com) 같은 비영리기관들은, 주택 보유자들이 어려움을 극복할 수 있도록 개별적인 도움을 제공한다.

하지만 현재 위기의 규모에 비하면 그들이 보유한 자원은 극히 적다. 정부의 호프나우 ^{Hope Now} (미국 정부가 5년간 서브프라임 모기지 이자를 동결해주는 등 주택시장 안정을 위해 발표한 정책 – 옮긴이)는 공식적인 자원을 보유하고 있지 않기 때문에 충분한 해결책을 제공하지 못하고 있다.

그것은 정부 주도 하의 비즈니스 동맹일 뿐이다. 만약 주택 가격이 계속 떨어진다면 더 많은 주택 보유자들이 곤경에 빠질 것이고, 문제가 더욱 확대될 것이며, 그렇지 않아도 불완전한 시스템에 보다 심한 압력이 가해질 것이다.

구제금융이 보다 체계적으로 이루어질 수 있도록 정부는 자금을 투입하여 구제금융 시스템을 다시 조직할 수 있다. 대출 조건을 개별적으로 변경하는 과정은 복잡할 뿐 아니라 많은 비용이 소요될 것이다.

새로운 주택소유자대부공사는 그 과정에 개입하여 대출자 개개인이 처한 특수한 상황을 이해하고 가능한 한 정부의 지원을 받을 수 있도록 돈과 시간을 투자하는 모기지업체들에 상응하는 보상을 제공할 수 있다.

서브프라임 위기가 더 악화되는 것을 막고 나면, 우리는 그러한 상황이 재현되지 않도록 장기적인 해결책에 관심을 기울여야 한다. 그래서 다음 장에서는 서브프라임 해결책의 장기적인 측면을 살펴볼 것이다.

6장

장기적 대책 :
금융 민주주의를
위한 약속

금융 민주주의를 위한 약속

금융공학과 제도 개혁

지금과 같은 위기가 재현되는 것을 예방하고 현재 위기의 후유증을 최소화할 서브프라임 해결책의 열쇠는, 가능한 모든 현대적인 기술을 동원하여 건전한 금융 원칙들을 사회 전체로 확대시켜 금융 민주화를 달성하는 것이다.

금융이 민주화되면 지금의 주택 버블과 같은 투기적 버블이 발생할 가능성을 장기적으로 줄일 수 있고, 만약 그러한 버블이 발생한다고 해도 이성적으로 대처할 수 있는 환경이 조성되어 있을 것이다. 사실 2008년 서브프라임 사태가 본격화된 이후, 우리가 목격한 것은 급조된 응급처치밖에 없었다.

지금까지 미국은 수차례 금융 위기를 겪었다. 예를 들면 1797년, 1819년, 1837년, 1857년, 1873년, 1893년, 1907년, 1933년에 심각한 금융 위기가 발생했다. 그러한 위기들은 수년에 걸친 제도 수정으로 대개 해결되었다. 특히 주목할 만한 변화는 1913년 연방준비제도이사회의 설립과 1930년대 초 뉴딜 개혁 정책이다. 하지만 효과적인 개혁 정책들이 경제의 모든 부문에 영향을 미쳤던 것은 아니다. 특히 주택 부문에는 별다른 영향을 미치지 못했다. 사실 주택 부문은 구시대적인 금융정책들로 계속 불안한 모습을 보여주고 있다. 다수의 주택을 포괄하는 보다 광범위한 금융 개혁이 이루어지지 않는다면, 우리는 계속 위기를 겪게 될 것이다.

어떤 사건들이 서브프라임 위기를 초래한 것인지 명백한데도 불구하고, 기본적인 경제제도의 불완전함에 관한 논의가 폭넓게 이루어지지 않는 것은 놀라운 일이다. 시장에서는 계속해서 버블이 생겼다 터지고 있지만, 여전히 우리에게는 최대의 경제 위기로부터 자신을 보호할 최소한의 방법밖에 없고, 위험할 정도로 투자가 다각화되어 있지 않으며, 실직하거나 병에 걸리면 파산할 위험이 있다.

사람들은 이러한 문제들을 피할 수 없는 제도적 특성으로 생각한다. 그들은 마치 지연물처럼, 제도 그 자체를 개혁 불가능한 무엇인가로 여기고 있다. 하지만 뉴딜 시대의 개혁처럼 성공한 개혁 정책들을 보면 이러한 생각이 잘못됐다는 것을 알 수 있다. 한마디로, 기본적인 제도 개혁은 가능할 뿐 아니라 꼭 필요한 조치이기도 하다.

보다 안정된 경제 환경을 위한 새로운 제도적 발판을 마련할 수 있는 개혁을 이루어내는 데 리더들의 상상력이 얼마나 부족한지는 서브프라임 위기를 통해 여실히 드러났다. 이 장에서는 그러한 제도적 개혁을 이루어낼 방법을 제시할 것이다.

제도 개혁에 이용할 수 있는 기술을 이해하는 것이 바로 제도 개혁의 출발점이 될 수 있다. 정보기술은 우리 시대의 이야기이자 서브프라임 해결책이다. 컴퓨터의 발달, 정보 수집 및 처리 기술의 발전, '현명한' 기술, 저렴하고 빠른 커뮤니케이션, 이 모든 것이 서브프라임을 해결하고 경제제도의 일부 결점을 바로잡는 데 매우 효과적인 도구들을 제공한다.

최근 몇십 년 동안 정보기술과 더불어 수리금융 지식도 크게 발전했다. 수리금융은 전통적인 경제학과에서부터 수학과, 경영 대학원, 공과대학의 새로운 금융공학 프로그램, 그리고 헤지펀드 및 투자은행의 많은 퀀트 집단^{quant group}(수학 모델을 만들거나 이를 활용해 시장의 위험도와 움직임을 분석, 예측하는 사람들)에 이르기까지 수학을 좋아하는 사람들의 상상력을 사로잡고 있다. 수리금융 이론 덕에 우리는 리스크 관리 기술의 잠재력을 온전히 이용할 수 있다. 특히 정보기술을 이용하여 그러한 이론을 대규모로 현실에 적용할 수 있게 된다면, 리스크 관리 기술의 잠재력을 보다 온전하게 이용할 수 있을 것이다. 현재로서는 이론적 발전을 이루어내는 것이 매우 중요하다. 이론적 발전을 통해 우리는 어디서 어떻게 금융 기술을 활용하여 인간의 복지를 향상시킬 수 있는지 찾을 수 있기 때문이다.

우리는 수리금융 이론 덕에, 금융계약의 양 당사자가 그로부터 이익을 얻을 수 있는 방법을 보다 효과적으로 이해할 수 있다. 또한 양측의 참여를 최적화하여 전체적으로 복지를 향상시킬 방법도 알 수 있다. 정황, 즉 적절한 인센티브나 구제금융에 따른 비용 부담을 하게 될 사람을 충분히 고려하지 않고 일관성 없이 일부 사람들에게 구제금융을 지원하는 것처럼, 원칙 없는 잘못된 정책을 강구하는 실수를 저지르지 않으려면 우리는 그러한 이론을 이용해야 한다.

현대 금융 이론 가운데 대리인 이론^{agency theory}이 있다. 이 이론은 대리인이 자신뿐 아니라 계약에 관련된 이해 당사자들 모두에게 이익이 되게 행동하도록 인센티브를 제공할 방법을 설명한다. 그것은 인센티브들이 균형을 이루도록 금융제도를 조직화함으로써 도덕적 해이를 조절할 방법을 설명하는 이론이다.

심리학, 사회학, 인류학, 신경생물학 같은 인본주의적인 학문이 이와 같은 맥락에서 인간의 마음에 대한 이해를 크게 향상시키고 있고, 그러한 지식이 금융과 경제학에 적용되고 있다. 그 덕에 우리는 사람들이 경제적 잘못을 저지르는 방법과 이유, 그리고 그러한 잘못을 피할 수 있도록 제도를 수정할 방법에 대해 더 잘 알게 되었다.

과거 몇십 년 동안 행동재무학을 포함해 행동경제학이 크게 발전했고, 그 과정에서 중대한 변혁이 일어났다. 행동경제학이 다른 사회과학 분야에서 얻은 통찰력 있는 지식들을 금융과 경제학에 접목시켰던 것이다. 전통학파의 많은 금융 이론가들은 그 때문에 그들의 수학 모델이 무용지물이 될까 두려워 변화를 거부했다. 하지만 그들의 우려와 달리, 그러한 변혁 덕에 그들의 수학 모델을 보다 성공적으로, 보다 풍부하게 응용할 기회가 열렸다.

금융 이론에서 심리학과 여타 사회과학의 중요성을 부정하는 것은 물리학자가 뉴턴역학을 응용하면서 마찰의 중요성을 부정하는 것과 같다. 만약 마찰을 완전히 무시할 수 있는 곳에만 뉴턴역학을 응용할 수 있다면, 뉴턴역학을 응용할 수 있는 곳은 천문학 정도밖에 없을 것이다. 하지만 마찰 이론을 추가하면 뉴턴역학은 지구상의 문제에도 적용할 수 있을 것이고, 일상생활을 향상시킬 장치들을 설계하는 엔지니어들에게 매우 유용한 도구가 될 것이다. 금융공학 분야에서의 흥미로운 발전을 촉진시킬 수 있는 행동경제학의 출현으로, 오늘날 우리는 그에 맞먹는 새로운 기회를 얻고 있다.

세계가 갖고 있는 근본적인 리스크들 가운데 상당수를 해결할 수 있는 새로운 제도들이 개발될 수 있다. 하지만 이것이 가능하려면 자산보유율, 특히 주택보급률의 지속적인 확대를 통해 경제성장을 이룰 수 있도록 제도적 토대를 뜯어고쳐야 한다.

정부, 민간단체, 그리고 기업의 국내외 지도자들이 주택시장 및 여타 자산시장의 제도적 토대를 마련하는 과정에서 강구할 수 있는 일련의 개혁 정책들이 있다. 총체적으로 보았을 때 그러한 정책들은 정신적·형식적 측면에서 1930년대 금융 실패

199

의 대응책으로 도입된 뉴딜 시대의 개혁 정책들과 일치하는 부분이 많다. 또한, 오늘날의 국제금융 시스템을 안정시키기 위한 신 바젤협약[Basel II] 같은 여타 제도 개혁안들과도 성격이 비슷하다.

그러한 개혁안들이 기존의 일부 관행을 버릴 것을 요구하고 있기 때문에, 어떤 이들은 실행 가능성에 의구심을 갖는다. 그렇지만 금융의 역사가 방법적·형식적으로 획기적인 변화를 정기적으로 겪었다는 것을 기억할 필요가 있다. 대공황 시기에 뉴딜 개혁이 있었던 것처럼, 금융 위기 동안 보통 그런 획기적인 변화가 발생했다. 그리고 지금이 바로 한층 깊이 있는 제도적 혁신이 필요한 때다.

여기 제시되어 있는 개혁들은 중요한 개혁들이며(물론 많은 개혁들이 보다 소규모로 시도되고 있지만), 모두가 분명 실현 가능한 개혁들이다. 이러한 일련의 개혁들을 실행했을 때 얻을 수 있는 순효과는, 매입자와 매도자 모두가 무모한 투기적 움직임을 살피기보다 소신 있게, 그리고 보다 효과적으로 행동할 수 있도록 현행 제도 속에 확실한 안전망을 구축함으로써 경제적 위기 저항 능력을 향상시킬 수 있다는 것이다.

대책 1. 모두를 위한 재무상담 서비스

개선된 정보 인프라(재무관리를 위해 사람들과 기업들이 이용하는 지식 기반)를 홍보하는 것은 정책적으로도, 경제학적으로도 바람직한 일이다. 경제 이론에 따르면, 자유롭게 이용할 수 있는 정보는 공공재다. 보통 이러한 공공재는 민간 부문에서 공급하고 있고, 일반적으로는 충분히 공급되지 않고 있다. 이러한 정보 부족은 시스템적인 효과(정부가 막고자 하는 부정적인 외적 효과)를 미칠 수 있다. 정보 인프라를 강화하는 일은 버블을 발생시키는 인포메이션 캐스케이드와 사회적 전염력을 변화시키는 데 중대한 영향을 미칠 수 있다.

최근 몇 년 동안 정보기술과 행동경제학 부문은 크게 발전했다. 정부는 근본적으로 개선된 정보 인프라를 홍보하는 데 그러한 발전을 이용할 수 있다. 매우 유망해 보였던 혁신적인 일부 정보기술의 경우 인간공학적으로 설계되지 않아서 만족스런 결과를 얻지 못할 때가 종종 있었다. 예를 들어 재무설계 웹사이트들은 빠른 속도로 성장하고 있음에도 불구하고 대중들로부터 널리 사랑받지 못하고 있다. 그것은 사람들이 컴퓨터로 제공된 정보만으로는 중대한 재무 결정을 내리지 못하는 경향이 있기 때문이다. 재무적으로 중대한 결단을 하기 전, 그들은 반드시 사람과 상의하고자 한다. 행동경제학은 정보기술을 적절히 이용하는 방법과 관련해 그와 같은 교훈들을 제공하는 역할을 한다.

여기서 나는 정보 인프라를 향상시킬 여섯 가지 방법을 제시하고자 한다. 즉, 포괄적인 재무상담 서비스를 홍보하고, 소비자 중심의 금융 감시기구를 설립하고, 표준 금융계약에 디폴트 옵션을 적용하고, 금융정보 공시 방식을 개선하고, 개개인의 경제 상황에 관한 전국 규모의 데이터베이스를 구축하고, 새로운 경제 측정 단위를 개발함으로써 정보 인프라를 향상시킬 수 있다.

대출이자가 얼마 안 있어 상향 조정되는 위험한 서브프라임 모기지를 받은 저소득자들 가운데, 그러한 모기지 고유의 리스크를 모르고 있는 사람들이 많이 있었다. 그들은 위기가 발생할 경우 대출 연장을 하지 못하고 대출금을 상환해야 하는 실질적인 위험이 잠재해 있다는 것을 알지 못했다. 그 이유는 무엇인가? 확실한 커뮤니케이션 채널들을 통해 그러한 정보를 제공할 경제적 여유가 마련되어 있지 않았기 때문이다. 그 결과 신규 주택 보유자들이 뜻하지 않은 위험을 떠안게 되었던 것이다.

사실 재무상담 전문지들은 이런 리스크들을 보도했다. 따라서 이 간행물들을 구독하는 고소득자들은 위험에 관한 보도들을 읽고, 전통적인 고정금리형 모기지를 고수했다. 하지만 그러한 사실을 몰랐던 많은 저소득자들은 비극적인 상황에 내몰렸다.

이처럼 대중들에 대한 교육이 제대로 이루어지지 않는 현재의 상황을 바로잡으려면, 우선 부자들만이 아니라 국민 모두가 포괄적인 재무상담을 받을 수 있는 제도들을 마련해야 한다. 대부분의 재무 전문가들은 소득이 낮은 고객들을 소홀히 한다. 그 이유는 관리 자산의 규모를 토대로 부과되는 재무 서비스료나 주식 매매에 따른 커미션(보다 부유한 고객들에게 서비스를 제공해야만 얻을 수 있는 수입)이 그들의 주 수입원이기 때문이다. 효율적인 사업 운영으로 보다 높은 수익을 올리기 위해 많은 재무 전문가들이 업무를 간소화시키려 노력하고 있다. 그러한 노력의 일환으로 그들은 상담 서비스를 포트폴리오 상담, 혹은 절세 상담 같은 특정 부문에 한정시키고 있다.

대부분의 사람들이 필요로 하는 것은 포괄적이고 기본적인 재무상담이다. 그들은 풍부한 지식을 갖춘 믿을 수 있는 전문가들로부터 그러한 상담을 받아야 한다. 하지만 그러한 서비스를 받을 여력이 있는 것은 보다 부유한 사람들뿐이다.

재무상담가들이 변호사나 회계사 같은 다른 전문가들처럼, 시간당으로 일정액의 수수료를 받고 상담 서비스를 제공하는 것이 한 가지 방법이 될 수 있다.

미국의 NAPFA^{National Association of Personal Financial Advisors}(전국개인재무상담가협회)에는 이 문제를 해결할 건전한 방법이 있다. NAPFA는 제3자로부터 금융상품 판매나 추천의 대가를 받지 않겠다는 맹세를 하도록 회원들에게 요구하고 있다. 하지만 NAPFA는 상대적으로 규모가 작은 조직이다. 대부분의 재무상담가들은 그들이 부과해야 하는 가격에 그러한 상담 서비스를 받고자 하는 수요가 충분하지 않다는 단순한 이유로 시간당 수수료만 받는 관행에 반대하고 있다.

그 결과 저소득자들은 편파적인 상담밖에 받을 수 없다. 예를 들면 주택 구매 시 그들은 부동산 중개업자와 모기지 브로커를 상대하게 된다. 부동산 중개업자는 주택 매도자를 대변하는 사람이므로, 아무래도 매도자에게 유리하도록 거래를 성사시킬 것이다. 모기지 브로커는 대출이자율이 높은 상품을 주선할 인센티브를 갖고 있다. 게다가 고객이 최저 이율로 대출을 받을 수 있도록 도와주고 있는 것처럼 보이지만, 모기지 브로커는 고객 모르게 모기지업체들로부터 사례를 받고 있다.

미국 정부는 사실 재무상담 수수료에 대한 세금을 공제 받을 수 있도록 함으로써 재무상담 서비스를 지원하고 있다. 그렇지만 그러한 세금 공제 혜택은 고소득자들의 재무상담 서비스 이용률을 높이는 역할밖에 하지 못하고 있다. 낮은 세율을 적용받는 저소득자들은 항목별 공제로부터 큰 혜택을 받을 수 없으므로 보통 항목별 세금 신고를 하지 않는다. 게다가 재무상담 서비스에 대한 공제는 기타 항목 공제에 속하고, 항목별 신고를 해도 조정총소득^{adjusted gross income}의 2퍼센트가 넘는 부분에 대해서만 공제가 가능하다. 그러므로 저소득자들은 조세 측면에서 재무상담 서비스 비용을 부담할 여유가 거의 없는 것이다.

정부는 이러한 불균형을 바로잡고, 모든 이들이 수수료만으로 포괄적이고 독립적인 재무상담 서비스를 받을 수 있도록 효과적인 지원을 해야 한다. 이를 위한 한 가지 방법은 의료보험에서 이미 시행 중인 것처럼 공동 지불 약정을 설정하는 것인데, 이를 통해 전문가들은 일부 수수료에 대해 보상을 신청할 수 있다. 의료보험 서비스는 재무상담의 적절한 비유이다. 우리는 의료 상담이 필요하듯 재무상담도 필요하다. 의료 상담이 부족하면 육체적 건강이 나빠지듯, 재무상담이 부족하면 재정적

건강이 나빠질 것이고, 그 비용을 결국 우리 사회가 부담하게 될 것이다. 또한 재무상담에 대해 항목별 공제를 해주는 현행의 인센티브제도를, 항목별 신고를 하지 않아도 소득세 신고를 통해 공제 혜택을 받을 수 있는 환급가능세액공제제도 refundable tax credit로 바꾸는 것도 방법이 될 수 있다.

정부 보조를 받으려면 재무상담 전문가는 고객에게 편견 없는 조언을 제공할 수 있도록, 고객에게 판매 혹은 추천한 특정 금융상품 때문에 제3자로부터 보수를 받지 않겠다는 서약을 해야 한다. 금융상품을 판매하고 그 대가로 커미션을 받는 전문가들도 분명 일정 부분 사회에 기여하고 있다. 만약 그들이 없었다면 사람들은 많은 유용한 금융상품을 이용할 수 없었을 것이다. 그렇지만 그들이 받는 수수료에 대한 정부의 충분한 보조가 없다면, 커미션(그리고 자본 이득에 대한 현행의 소득 공제 혜택)이 그들에게 (커미션을 받을 수 있는) 그런 금융상품을 보다 많이 판매할 동기로 작용할 것이 틀림없다.

서브프라임 위기가 발생하기 전 저소득자들이 주택을 구입할 때 포괄적인 양질의 재무상담을 받았더라면, 믿을 수 있는 재무상담 전문가로부터 일대일 재무상담을 받았더라면, 아마도 서브프라임 위기는 발생하지 않았을 것이다. 재무상담 전문가들이 주택 버블의 규모 및 정도를 정확히 파악하지는 못했다고 해도, 그들 중 대부분이 적어도 주택 붐이 계속되지는 않으리라는 분별력을 갖고는 있었을 것이다. 저소득자들이 조정금리부 모기지를 받는 것은, 혹은 소득에 비해 너무 많은 모기지를 받는 것은 무척 위험하다는 것을 그들은 분명 알았을 것이다.

시간당으로 일정 수수료를 부과해야 할 필요성, 고객을 돕겠다는 순수한 의도에서 재무상담이 이루어져야 할 필요성을 말해주는 또 다른 사례가 있다(이 사례는 버블이 터진 이후의 사례가 될 것이다). 오늘날 주택가격이 하락하면서, 보살핌과 특수 서비스를 필요로 하는 많은 노인들이 CCRC^{Continuing Care Retirement Community}(은퇴한 노인들에게 지속적으로 보살핌 서비스를 제공하는 일종의 은퇴자 마을 – 옮긴이)로의 이주를 미루고 있다. 그것은 지금 주택을 싼 값에 매도하여 손해를 입는 것을 원치 않기 때문이다.

그들은 CCRC로 이사하려면 주택을 팔아 입주금을 마련해야 한다. 그렇지만 주택가격이 하락하는 바람에 그렇게 하지 못하고 있다. 그들 가운데 상당수가 보다 나은 가격에 주택을 팔 수 있는 날이 오길 기대하며, 몇 년 동안 주택을 그대로 갖고 있을 가능성이 높다. 이러한 추세는 오늘날 CCRC의 높은 공실률로도 알 수 있다. 따라서 이러한 노인 주택 소유자들은 적절한 보살핌을 받지 못한 채 홀로 몇 년을 보내게 될 것이다.

그들에게 정말 필요한 것은, 시간당으로 상담료를 받고 건강 상의 필요와 세금을 포함한 그들의 상황을 종합적으로 고려하여 균형 잡힌 시각을 제시해준 수 있는 믿을 만한 카운슬러, 즉 노인 재무 전문가다.

최종적인 분석 결과, 다른 모든 상황을 고려했을 때 가령 3만 달러 손해를 본다고 해도 침체된 시장에서 주택을 빨리 처분하는 것이 현명한 길이 될 수도 있다.

상담료가 크게 줄어도 실질적으로 얼마나 많은 이들이 재무 상담을 이용할 것인가는 의문이기는 하다. 그 답을 알 수 있는 방법은 실제로 재무상담 산업에 보조금을 제공해보는 방법뿐이다. 재무상담 산업에 보조금을 지급함으로써 산업을 쇄신할 동기를 제공한다면, 재무 전문가들은 새로운 마케팅 전략, 새로운 상담 서비스 제공 채널, 혹은 여타 상품 및 서비스와 재무상담 서비스를 엮어 제공할 새로운 방법(즉, 과거에 재무상담 서비스를 이용하지 않았던 사람들을 설득하여 개별화된 재무상담 서비스를 받도록 하는 전략)을 모색하게 될 것이다.

정부가 그런 유익하고 공정한 상담 서비스산업에 보조금을 지급함으로써 그러한 산업이 발전할 수 있도록 도와준다면, 그

산업은 그러한 서비스 확산에 필요한 정보기술을 발전시키는 데 투자를 아끼지 않을 것이다. 그들은 그러한 기술을 응용하여 보다 저렴한 재무상담 서비스를 개발할 것이다. 많은 이들에게 이익이 되도록, 재무 전문가들이 제공하는 개별 재무상담 서비스에 적합한 금융엔진 웹사이트들을 재개발할 것이다. 그러한 웹사이트들은 사람들이 서로서로, 그리고 다양한 전문가들과 금융정보를 공유할 수 있는 곳으로 발전할 것이다. 한마디로 위키스타일$^{wiki-style}$(하나의 콘텐츠에 여러 사람이 함께 글을 쓰고 고치면서 지속적으로 발전해가는 방식 – 옮긴이)을 보일 것이다.

상담 수수료만으로 포괄적인 재무상담 서비스를 제공하는 전문가들에게 보조금을 지급하도록 조세정책을 개혁한다면, 지금으로서는 상상도 할 수 없을 정도로 기술과 금융이 민주화된 새로운 차원의 세계가 열릴 것이다.

대책 2. 소비자를 위한 금융 감시기구

정보 인프라의 부적합성을 바로잡을 두 번째 단계는 미국 소비자제품안전위원회$^{Consumer\ Product\ Safety\ Commission,\ CPSC}$를 모델로 하여, 법학자인 엘리자베스 워렌^{Elizabeth Warren}의 주장처럼 정부가 일명 금융상품안전위원회를 설립하는 것이다. 금융상품안전위원회의 주 임무는 금융상품 소비자들을 보호하고, 옴부즈맨^{ombudsman}(북유럽 등에서 정부나 국가기관 등에 대한 일반 시민의 고충을 처리하는, 입법부 임명의 행정 감찰관 – 옮긴이) 및 변호인 역할을 수행하는 것이다. 금융상품안전위원회는 금융상품의 안전성에 관한 정보를 제공하고, 규제를 통해 안전성을 확보하려 노력할 것이다. 놀라운 것은 금융상품의 안전성에 그와 같은 관심을 기울이는 것이 오늘날 미국의 주요 금융규제기관들의 주 임무가 아니라는 사실이다.

전미고속도로교통안전협회^{National Highway Traffic Safety Administration, NHTSA}에서 고속도로와 차량 안전도에 관한 자료, 그리고 사고에 관한 통계자료를 보유하고 있는 것처럼 금융규제기관들이 금융상품 소비자들의 경험 및 사고(금융상품으로 인해 자주 발생하는 사고뿐 아니라 가끔 발생하는 사고까지 포함한)에 관한 정보를 모으고, 미래에 그러한 사고를 예방하도록 자금 지원을 받아야 한다.

미국 재무부의 2008년 금융규제개혁안^{Blueprint for a Moder-nized Financial Regulatory Structure}(헨리 폴슨, 리처드 스틸, 데이비드 네이슨)은 워렌의 금융상품안전위원회와 비슷한 금융 활동 규제기관을 제안했다. 그에 따르면, 규제 당국의 목표 차원에서 그들의 활동 영역을 정의해야 한다. 그리고 소비자보호는 전문 규제기관을 필요로 하는 영역이다.

대책 3. 디폴트옵션 금융계약

정보 인프라를 혁신하는 세 번째 단계는 사람들이 관심을 기울이지 않을 때, 혹은 적절한 조치를 취하지 않을 때 자동적으로 적용되는 디폴트옵션^{default option}(일명 기본값)을 금융계약에 포함시키는 것이다. 디폴트옵션이란 사람들이 여러 가지 이용 가능한 옵션들 가운데 어느 하나를 의도적으로 선택하지 않을 경우에도 자동으로 적용되는 옵션이다.

일부 사람들은 서브프라임 위기의 근본 원인이 많은 이들이 부주의했기 때문이라고 말한다. 시장에서 무슨 일이 일어나고 있는지 몰랐기 때문에 혹은 이해하지 못했기 때문에 이러저러한 덫에 걸렸다는 것이다. 소비자들은 일반적으로 금융계약에 처음 제시되어 있는 조건, 혹은 표준 조건이나 전통적인 조건을 보다 쉽게 받아들인다. 그러므로 표준계약을 설계할 때 빈틈없이 디폴트옵션을 짜 넣는 것이 정부에도, 기업에도 중대한 목표가 되어야 한다. 조사 결과에 따르면, 사람들은 투자 결정을 내릴 때 제시된 모든 조건들을 선택 불가능한 표준 조건으로 받아들이는 경향이 있는 것으로 나타났다.

경제학자인 브리짓 마드리안$^{Brigitte\ Madrian}$과 동료들은 근로자들이 기업이 지원하는 퇴직연금에 가입할 것인지 말 것인지를 어떤 식으로 결정하고 있는지 연구했다. 원하면 언제든 해약할 수 있지만, 특별히 가입 반대 의사를 밝히지 않으면 자동으로 연금에 가입되도록 해놓으면 연금 가입률이 훨씬 커진다는 것을 발견했다. 게다가 퇴직연금에 가입한 근로자들은 연금에 디폴트옵션으로 되어 있는 부담률$^{contribution\ rate}$과 포트폴리오 구성 방식을 그대로 받아들였다. 미국 의회에서는 그 연구 결과를 바탕으로 그러한 연금을 장려하기로 결정했고, 2006년 연금보호법은 그러한 연금이 널리 적용될 길을 열어주었다.

리처드 세일러$^{Richard\ Thaler}$와 슐로모 베나치$^{Shlomo\ Benartzi}$는 임금이 오르면 자동적으로 임금 인상분 가운데 일정액이 저축계정으로 빠져나가는 SMT$^{Save\ More\ Tomorrow\ plan}$(일명 '내일은 더 저축하라') 계획을 주장했다. 이러한 저축계획은 늘어난 소득만큼 지출도 늘리는 근로자들의 관성을 극복하는 데 도움이 될 것이다.[•] 2006년 연금보호법이 이 계획을 지원했고, 지금은 수천 개 기업에서 이 계획을 채택하고 있다.

금융 민주화를 촉진시키기 위해 이러한 차원에서 정부가 할 수 있는 많은 일들이 있다. 정부는 민간 부문에서의 발전을 촉진시켜야 한다. 대공황 때 주택 위기를 극복하기 위한 혁신정책 가운데 하나로, 모기지 기간을 당시 일반적이었던 5년에서 15년 이상으로 늘림으로써 대출자들에게 모기지를 갚을 충분한 시간을 제공했다고 1장에서 말한 바 있다. 1933년 그러한 혁신을 이루어낸 것은 주택소유자대부공사였다. 지금은 주택소유자대부공사가 사라지고 없지만, 그 유산은 장기 모기지 형태로 여전히 남아 있다.

정부 개입 없이, 민간 부문에서 직접 그러한 변화를 이루어낼 수 없는 이유는 무엇인가? 기존의 확고한 사회적 기준 때문에, 그리고 초기 구매자들이 보일 저항 때문에 신상품을 출시하는 것이 어렵기 때문이다. 새로운 유형의 모기지 상품의 장점을 대중들에게 널리 알리는 데 소요되는 비용은 일종의 공공재다.

• Richard Thaler and Shlomo Benartzi, "Save More TomorrowTM: Using Behavioral Economics to Increase Saving", *Journal of Political Economy*, 112(S1): S164~S187, 2004.

그 비용을 특정 민간 기업이 부담할 경우, 그들은 그 비용을 온전히 회수할 수 없다. 그 새로운 모기지 상품을 제공하기로 결정한 모든 기업들이 그 이익을 나누어 갖기 때문이다.

모기지처럼 많은 사람들이 공동으로 이용하는 계약의 경우에는 권위 있는 기관에서 새로운 표준을 발표해야 한다. 소위 전문가들이 새로운 표준계약을 발표한다면, 대부분의 사람들은 혼자의 힘으로 그 계약의 좋고 나쁨을 판단하려 애쓰지 않고 그냥 그대로 받아들일 것이다. 뒤에서 논의하겠지만, 새로운 주택소유자대부공사는 모기지업체들에 새로운 특징들을 포함하고 있는 모기지만을 담보로 인정해줌으로써, 개선된 모기지 계약을 표준으로 확립시킬 수 있다. 새로운 주택소유자대부공사에 의한 그러한 표준 확립 노력은 다른 일련의 금융혁신들을 촉진시킬 것이다. 소득 리스크와 주택가격 리스크를 '헤지'할 파생상품 개발과 같은 혁신들을 말이다.

서브프라임 위기에서 많은 모기지 대출자들이 모기지업체에서 제시한 모기지 조건들을 순순히 받아들였다. 그들은 대개 그러한 조건들이 전문가들의 지지를 받은 것이라 생각했던 것 같다. 소비자 보호책이 전혀 마련되어 있지 않은 경우에도 말이다. 그러므로 표준 모기지 계약을 바꾸는 것은 정보 인프라를

214
버블 경제학

크게 향상시키는 길이 될 것이다. 그리고 이러한 개혁을 통해 대부분의 사람들에게 표준이 될 수 있고 일반화될 수 있는 다른 종류의 재무상담을 할 때나 개선된 모기지 상품을 결정할 때 정부 및 업계 전문가들이 보다 협력하게 될 것이고, 소비자들이 이용할 수 있게 그러한 정보들이 민주화될 것이다. 디폴트 옵션이 아닌 다른 옵션들을 원하는 대출자들을 위해 다른 모기지 상품들도 분명 개발될 수 있을 것이다.

　모든 모기지 대출자들이 민법 공증인과 같은 전문가의 도움을 받는 것을 또 다른 디폴트옵션으로 포함시킬 수도 있다. 미국을 제외한 다른 여러 나라에는 그런 공증인들이 많이 있다. 독일의 경우 민법 공증인은 계약 당사자들에게 계약을 정확히 읽어주고 해석해줄 뿐 아니라, 공증하기 전 양측에 법률 상담도 해주는 법률 전문가이다. 이러한 접근 방식은 객관적이고 적절한 법률상담을 받을 수 없는 사람들에게 특히 이익이 될 것이다. 모기지 대출 과정에 그와 같이 정부가 지정한 인물이 참여한다면, 부도덕한 모기지업체들이 그들과 한통속인 변호사들, 즉 잠재적인 리스크에 대해 충분히 경고하지 않을 가능성이 높은 변호사들에게 고객들을 보내는 것이 보다 어려워질 것이다.

대책 4. 접근성 높은 금융정보 공시

정보 인프라를 강화시키는 네 번째 단계는 사람들의 재무상태 및 경제생활과 관련된 정보를 공시하는 방법을 개선하는 것이다. 2001년 엔론 사^{Enron Corporation}가 부외거래^{off-balance-sheet}로 파산하는 사건이 발생했다. 엔론이 그 지경에 이른 것은 어느 누구도 그들의 부외거래를 철저히 조사할 여유가 없었기 때문이다. 마찬가지로 2007년 위기가 발생하기 전, 어느 누구도 특정 리스크들을 장부상에서 누락시키기 위해 은행들이 이용하고 있는 구조화투자회사의 무절제함을 폭로할 경제적 여유를 갖고 있지 않았다. 따라서 폭넓은 대중들에게 이익이 될 어떤 경고도 이루어지지 않았다.

서브프라임 모기지 기반의 주택저당증권^{residential-mortgage-backed security: RMBS}을 구입한 사람들은 일반적으로 신용평가기관의 등급 정보만 믿고 그러한 증권을 구입했다. 평가기관에서 추가 정보를 공개하기는 하지만 대출자들이 쉽게 해석하고 비교할 수 있는 유일한 정보는 등급이다.

존 무디^{John Moody}가 1915년 'AAA'와 같이 알파벳으로 등급을 표시하는 증권 평가 시스템을 대중들에게 제공했을 때, 그는 독자 친화적인 정보 공시 방법을 통해 일찍이 금융 민주화를 한 걸음 앞당겼다. 1934년 미국 증권거래위원회 Securities and Exchange Commission (일명 SEC) 설립으로 금융정보 공시는 또 한 번 진일보했다. 현재 증권거래위원회는 상장 주식들과 그러한 주식들을 발행한 기업들에 관한 정보를 상세히 제공하는 EDGAR Electronic Data Gathering, Analysis and Retrieval (일명 에드가라 불리는 전자공시 시스템 – 옮긴이)라는 사이트를 후원하고 있다. 이 사이트를 통해 우리는 증권거래위원회에서 만든 자료들을 실시간으로 접속하여 이용할 수 있다.

1990년대 말, 증권거래위원회 의장이었던 아서 레빗 Arthur Levitt 은 평이한 영어로 증권 관련 문건들을 작성함으로써 금융 민주화 및 정보 공시 발전에 기여했다. 2000년에는 증권거래위원회에서 공정공시규칙 Regulation Fair Disclosure 을 마련함으로써 정보 공시 방식이 한층 효율화되었다. 공정공시규칙에 따르면, 기업들은 크고 작은 모든 투자자들이 동시에 정보를 이용할 수 있도록 공지 사항을 즉각 전자공시해야 한다.

대중이 정보를 이용할 수 있도록 증권거래위원회에서 장족의 발전을 이루어냈지만, 사람들은 여전히 증권의 리스크 평가를 매우 어려워한다. 주택저당증권이 크게 잘못 평가된 것도 신용평가기관 이외의 사람들이 주택저당증권의 토대인 모기지 대출의 건전성을 평가할 수 있는 정보들을 제대로 이해하지 못했기 때문이다. 한마디로 부도덕한 모기지업체들이 채무 불이행의 위험이 높은 저소득자들에게 대출을 해주고, 모기지유동화업체들은 곧 채무 불이행 상태에 빠질 모기지를 순진한 투자자들에게 팔아넘길 수 있는 완벽한 무대가 마련되어 있었던 것이다.

공시 시스템을 강화시킬 중요한 제안들이 있었지만, 그에 상응하는 조치가 취해진 적은 거의 없었다.[*] 정부 규제기관들과 민간정보공급업체들 모두 어떻게 하면 대중들이 증권을 보다 쉽게 이해할 수 있을지 한층 더 고민해야 한다. 정보기술의 지속적인 발달로 정보 제공 비용이 계속 줄어들고 있고, 창의적이고 의미 있는 공시가 날로 증가하고 있다.

이것은 증권에 등급을 매기는 전통적인 공시 방식을 넘어, 창의적인 새로운 공시 방식이 개발되고 있음을 의미한다. 사람들이 위험을 보다 쉽게 평가할 수 있도록, 보다 간단하고 보다 표준화된 공시 방식이 필요하다. 식료품 포장 위에 인쇄되어 있

---

* "Enhancing Disclosure in the Mortgage-Backed Securities Markets", *SEC Staff Report*, 2003.

는 표준화된 영양소 표시 방식처럼 말이다.

법학자인 캐스 선스타인 Cass Sunstein은 자신의 2001년 저서 《리퍼블릭닷컴 Republic.com》에서, 증권거래위원회의 전자공시 시스템을 모델로 전자공시가 다른 많은 기업들로 확대되어야 한다고 주장했다. 커뮤니케이션 풍토에 영향을 미칠 수 있는 활동을 하는 다른 많은 기업들로 말이다. 의문의 여지가 있는 활동들을 공시하도록 요구하는 것은 바람직하지 못한 활동에 제동을 거는 역할을 할 수 있다. 선스타인은 민주공화국에서 폭넓은 정보에 노출되는 것이 얼마나 중요한지 지적했다.

"확실히 그러한 제도는 일종의 공공 부문에 달려 있다. 폭넓은 연설자들이 다양한 대중들에게뿐 아니라, 자신이 반대하고자 하는 특정 제도 및 관행에도 접근할 수 있는 공공 부문에 말이다."**

지금은 전자통신 시대이기에, 그 어느 때보다 손쉽게 정보 공시 의무를 이행할 수 있다. 헨리 폴슨과 그의 동료들이 제안했던 것 같은 비즈니스 활동 규제기관이 모기지업체들과 여타 금융기관들에 의문의 여지가 있는 활동들, 예를 들면 약탈적 대

** Cass Sunstein, *Republic.com*, Princeton, N.J.: Princeton University Press, 2001, p. 201.

출predatory lending(상환하지 못할 경우 가옥·차량 따위를 차압하는 고압적 대출 관행 – 옮긴이)을 인터넷에 공시하도록 요구하면 대중들에게 그러한 활동들을 면밀히 살펴볼 기회를 제공할 수 있다.

대책 5. 통합금융 데이터베이스

정보 인프라를 개선시키는 다섯 번째 단계는 개인들과 기업들의 경제 상황에 관한 대규모 데이터베이스 구축을 정부가 지원하는 것이다. 단, 그러한 데이터베이스 구축에는 통신규약(리스크 관리 계약 개발에 이런 정보가 이용되는 것은 허용하면서 그와 동시에 사생활을 보호하는 통신규약)이 수반될 것이다.

우리는 개인의 소득 및 경제활동에 관한 정보를 담은 대규모 민간 데이터베이스가 개발된 것을 이미 본 적이 있다. 그렇지만 그런 데이터베이스들은 단편적이고, 경제적으로 유용하게 쓰이지 못하고 있다. 어느 누구도 금융시장에 대한 전체 그림은 없다. 전체 그림 가운데 일부분만 있을 뿐이다. 따라서 단편적인 현행 데이터베이스들을 하나로 모을 수 있도록 그러한 데이터베이스들 간의 정보 공유에 관한 통신규약을 개발해야 한다. 그 다음, 통합된 대규모 데이터베이스를 (소비자들과 주택 소유자들에게 재정 상황에 관한 보다 정확한 그림을 제공하는 것처럼) 유익한 목적으로 활용해야 한다. 그런 통합된 데이터베이스가 있으면, 금융엔진 웹사이트들이 고객들에게 개별화된 실시간 정보(그들의 특수한 상황과 관련된 정보)를 제공할 수 있을 것이다.

이제는 소득세가 대개 전자 처리되기 때문에, 사생활 보호가 필요한 개인소득 데이터가 담긴 데이터베이스를 공개적으로 이용할 수 있다. 미국에서는 4506T 양식을 작성할 경우 소득신고에 관한 정보를 거래금융기관에서 이용할 수 있다. 물론 정부는 신상이 보호되는 정보가 공익을 위해 널리 이용될 수 있도록 차후 조치를 취해야 한다. 다른 데이터베이스들이 소득 데이터베이스에 연결될 수 있으면 직업별, 인구통계별, 혹은 건강 상태별로 최신 개인소득지표를 만들 수 있을 것이다. 또한 이 데이터는 향후 설명할 생계보험처럼 개별화된 리스크 관리 계약을 작성하는 토대로도 이용될 수 있을 것이다. 리스크 관리엔진들은 경제 상황을 상세하고 완벽하게 나타내고 있는 정보(오늘날에는 상상할 수 없을 정도로 투명한 정보)를 이용할 수 있게 된다. 한마디로 리스크 관리의 신세계가 열리는 것이다.

개선된 데이터베이스를 이용하면, 모기지 워크아웃 때 지불 능력을 보다 효과적으로 측정할 수 있는 방법을 개발할 수 있을 것이다. 정보기술의 지속적인 발전과 금융 데이터베이스의 확대를 감안했을 때, 분명 계량경제학의 발전으로 이런 일이 가능해질 것이다.

실제로 지난 20년 동안 신용이력을 토대로 지불 능력을 평가하는 계량경제학적 측정 방식, 특히 피코스코어 FICO score (세계에서 가장 널리 이용되는, 개인의 신용도를 나타내는 지표로 페어 아이작 FIC: Fair Isaac Corporation 에서 만든 점수 – 옮긴이)가 대출산업에서 유용하게 쓰였다. 하지만 피코스코어는 일반적인 경제 상황 변화를 제대로 반영할 수 없기 때문에 상환 일정 조정에 체계적으로 이용되지 못하고 있다. 피코스코어는 궁극적으로 데이터베이스가 포함하고 있는 정보의 제한을 받고 있다. 어쨌든 민주화된 금융 계약 시스템에, 전적으로 새로운 측정 방식을 이용할 수 있게 될 것이다.

대책 6. 물가연동 기축통화

매우 많은 사람들이 경제 시스템을 이해하기 힘들어한다. 정부는 그들에게 도움이 되는 새로운 경제 측정 시스템을 개발해야 한다. 서브프라임 해결책 가운데 가장 혁신적인 부분이 바로이 부분이다. 이것은 프랑스 혁명 이후 측정 시스템을 개발한 것과 비교할 수 있다. 이러한 시스템은 경제적 사고에 있어 인간적 오류(서브프라임 위기를 포함해 많은 경제 문제 근저에 자리하고 있는 오류)를 예방하는 역할을 할 것이다.

소득, 이익, 임금을 포함해 다양한 경제 가치들을 일반적으로 측정하는 단위들을 정의할 수 있다. 그렇지만 가장 중요한 것은 인플레이션을 측정하는 새로운 단위다.

1967년 칠레 정부가 만들었고 그 이후 라틴아메리카 정부들이 빌려 쓰고 있는 UF$^{Unidad\ de\ Fomento}$(인플레이션 변동폭에 따라 상승 또는 하락하는 가상통화 – 옮긴이) 같은 인플레이션 연동 측정 단위를 이용함으로써, 인플레이션으로 인한 혼동을 피할 수 있다고 나는 몇 년 동안 주장해왔다.

UF는 그저 재화 및 서비스의 마켓바스켓$^{market\ basket}$(일명 장바구니)의 일일 가치다. UF는 상업용 계산 단위로 정부가 공표하여 화폐를 대신하고 있다. 칠레 사람들은 UF 가격을 흔히 사용한다. 비록 페소 대 UF의 환산율(특히 웹사이트를 통해 쉽게 구할 수 있다)을 이용하여, 실질적인 지급은 페소(칠레의 화폐단위)로 이루어지고 있지만 말이다. 이러한 계산 단위에 UF 같은 단순한 이름을 붙이고, 상업용 가치 표준으로 그것을 이용하도록 사람들을 독려하고, 인플레이션에 연동하여 시고하도록 국민들을 교육시킴으로써 칠레 정부는 칠레를 이 세상에서 인플레이션에 가장 민감한 국가로 만들었다.

반대로 전 세계 국가들이 사용하는 전통적인 화폐단위들은 가치 측정 단위 역할을 제대로 수행하지 못하고 있다. 통화의 구매력이 날로 예측 불가능하게 변하고 있기 때문이다. 페소나 달러로 가치를 측정하는 것은, 늘었다 줄었다 하는 자로 길이를 측정하는 것과 같다. 무엇인가를 설계할 때 자의 길이가 계속 변한다면 엔지니어들은 설계에 큰 어려움을 겪을 것이다. 하지만 그것이 바로 사람들이 화폐 때문에 매일 겪고 있는 일이다. 사람들이 당황스러워하는 것은 당연한 일이다. 정보가 풍부한 현대 경제에서, 교환 매개체 및 가치 측정 단위가 언제나 같아야 할 이유는 없다.

나는 그러한 인플레이션 연동 단위를 간단히 '바스켓basket'이라 부를 것이다. 그것이 일반 소비자들이 소비하는 대표적인 재화와 서비스의 마켓바스켓 가치를 나타내기 때문이다. 만약 판매자들이 바스켓으로 가격을 표시한다면, 그들은 소비자 물가지수의 토대인 실질 재화 및 서비스 차원에서 값을 지불하도록 소비자들에게 요구하는 것이다. 다시 말해 불안정한 화폐보다 실질적인 무엇인가로 값을 지불하도록 요구하고 있는 것이다. 인플레이션에 연동하여 가치를 표현할 간단한 표현이 있으면 어린아이들도 단순히 그 표현을 이용함으로써 인플레이션에 연동하는 방법을 배우게 될 것이다.

정부는 조세제도를 완전히 물가에 연동시키고, 사람들이 새로운 단위를 배울 수 있도록 달러보다 바스켓 차원에서 조세코드를 기록해야 할 것이다. 신용카드 단말기를 비롯한 다른 전자지불 시스템도 바스켓으로 지불 승인이 이루어지도록 프로그램될 수 있을 것이다.

만약 사람들이 인플레이션에 연동하는 그런 측정 단위에 익숙해져 있었다면, 최근의 주택 붐을 피할 수 있었을 것이다. 최근 몇십 년 동안 주택시장을 감염시켰던 가장 중대한 실수 가운데 하나가 대중들이 인플레이션을 이해하지 못한 것이다. 세계 주요 국가들의 정부들은 거의 100년 동안 소비자물가지수를 발표해왔고, 대중들은 어느 정도 그것을 이용할 수 있다. 그렇지만 여전히 많은 사람들이 인플레이션을 제대로 이해하지 못하고 있고, 그 때문에 중대한 실수를 저지르고 있다.

1980년대 초, 미국에 인플레이션이 매우 심했을 때 사람들은 전통적인 모기지로는 주택을 거의 구입할 수 없었다. 왜냐하면 인플레이션의 영향으로 이자율은 연 20퍼센트에 달했고, 3년 소득에 맞먹는 가격의 주택을 구입하려면 소득의 약 60퍼센트를 대출상환금으로 내야 했기 때문이다. 인플레이션이 계속되고 있었기 때문에 대출 상환금의 실질 가치가 궁극적으로는 크게 떨어지겠지만, 당장 몇 년 동안은 그렇게 되지 않을 것이다. 그렇다고 그 기간 내에 대출금을 조기 상환할 여력이 있는 것도 아니었다. 그래서 주택을 구입하는 것이 매우 어려워졌고, 높은 이자율 때문에 주택을 처분하는 사례가 증가하여 주택가격이 떨어졌다. 비록 하락폭이 그렇게 크지는 않았지만 말이다. 당시 미국 GDP 대비 주택투자비율이 3.2퍼센트로 떨어졌다. 그것은 2차 세계대전 이래 최저치였다.

　　사람들이 인플레이션 연동 모기지를 택했더라면 이 모든 것을 막을 수 있었을 것이다. 그렇지만 대중들은 그러한 개념을 이해하지 못했다. 그들이 바스켓에 익숙해져 있었더라면 너무도 자연스럽게 인플레이션 연동 모기지를 택했을 것이다.

　　1980년대 초는 주식 가치가 매우 낮았다. 이것은 명목이자율이 매우 높았음을 반영한다. 비록 인플레이션이 반영된 실질

이자율은 높지 않았지만 말이다. 1970년대 말 경제학자인 프랑코 모딜리아니^{Franco Modigliani}와 리처드 콘^{Richard Cohn}이 그러한 현상을 체계화한 후, 그러한 현상은 '모딜리아니-콘 효과'라고 불리게 되었다.

1980년대 초 이후 인플레이션이 진정되면서 주식시장이 살아났다. 바스켓 차원에서 회계가 이루어졌더라면, 그래서 대중들이 일명 '화폐 착각'(실질 가격이 아니라, 명목 가격 차원에서 생각하는 경향)에 덜 현혹되었더라면 주식시장의 이러한 과도한 움직임을 막을 수 있었을 것이다.

1990년대 이후 일어난 주택 붐 역시 부분적으로는 대중들이 인플레이션을 제대로 이해하지 못했기 때문이다. 우리는 현재의 주택가격뿐 아니라 오래전 주택가격도 기억하고 있다. 그것은 주택이 우리에게는 매우 중요한 구매 대상이기 때문이다. 우리가 예전의 빵값과 지금의 빵값을 비교하는 일보다 예전의 주택가격과 지금의 주택가격을 비교하는 일에 훨씬 더 많은 관심을 기울이는 것은 당연하다. 주택의 실질 가치가 몇십 년 동안(적어도 최근 주택 붐까지) 증가하지 않았지만, 인플레이션을 이해하지 못한다면 명목 가치 증가만으로 주택을 놀라운 투자 대상이라고 잘못 생각할 수 있다.

2008년 전미부동산중개인협회에서 대중의 인식 제고를 위해 4,000만 달러 규모의 '주택 가치' 캠페인을 전개했다. 그 캠페인은 인쇄 매체와 광고판, 그리고 버스 정류장뿐 아니라 라디오와 텔레비전에 수천 개의 광고를 게재했다. 이 캠페인은 '평균적으로 주택가격은 10년마다 거의 배가 됩니다'라는 슬로건을 되풀이했다. 전미부동산중개인협회는 그들이 갖고 있는 지난 30년간의 자료를 그 증거로 제시했다. 그 자료에 따르면 정말 주택가격은 10년마다 거의 배가 되었다. 그것은 지난 30년 동안 소비자물가가 두 차례 두 배가 되었고, 최근 주택가격 버블로 실질주택가격이 한 차례 두 배가 되었기 때문이다. 명목상으로 따지면 30년 동안 주택가격이 세 차례 두 배가 된 셈이다. 이런 데이터를 바탕으로 주택이 놀라운 투자 대상이 될 것이라 제안하는 것은 기만이다. 하지만 인플레이션에 대한 대중들의 혼란 때문에, 전미부동산중개인협회는 그런 말로 대중을 현혹할 수 있는 것이다.

사실 1930년대 대공황도 인플레이션에 대한 혼란과 밀접한 관련이 있었다. 벤 버냉키가 자신의 2000년 저서《대공황에 대한 에세이 Essays on the Great Depression》에서 지적했던 것처럼, 1930년대 초 물가는 일반적으로 떨어졌지만 인플레이션 반영 임금인 실질임금은 높았다는 것, 특히 실업률이 높았던 국가들에서 실질임금이 더 높았다는 것은 이미 잘 알려진 사실이다.

대공황 때의 상황을 간단히 설명하면 이렇다. 명목임금을 삭감할 경우 근로자들과 노동조합이 그것을 대단한 모욕으로 잘못 생각하고 분규를 일으킬 것이 뻔했기 때문에, 고용주들은 실질임금이 높아지지 않을 만큼 근로자들의 명목임금을 충분히 깎을 수 없었던 것이다. 그 결과 고용 인원을 줄이지 않으면 수익성이 악화될 수밖에 없는 상황에 처했던 것이다. 즉, 비용 하락폭보다 수입 하락폭이 더 컸다. 인플레이션에 대한 혼란이 없었더라면 대공황이 실제만큼 그렇게 심각한 영향을 미치지 않았을 것이다.

대공황 이전에 사람들이 바스켓으로 임금을 나타내는 것에 익숙해 있었더라면, 그들은 실질임금이 올랐다는 것을 이해했을 것이고, 그 결과 명목임금 삭감에 그토록 격분하지 않았을 것이다. 그리고 기업주들이 지불 능력을 방어하기 위해 조업을 중단시키는 상황을 만들지 않아도 되었을 것이다.

1890년 이래 바스켓으로 주택가격을 나타내는 데 익숙해졌다면, 사람들은 주택가격이 100년 동안(최근 버블까지) 기본적으로 변하지 않았다는 것을 일반적으로 이해했을 것이고, (사람들이 2000년대 초반 생각했던 것과 달리) 주택가격이 계속 오르리라고 생각하지도 않았을 것이다.

새로운 경제 측정 시스템을 개발한다면 다른 많은 긍정적인 효과도 얻게 될 것이다. 이 책에서 이미 논의했던 것처럼 지난 몇 년 동안 우리는 깨달음을 통해 일부 중요한 금융 보호 장치를 만들었다. 하지만 인플레이션과 소득 증대 때문에 그러한 장치들이 제 기능을 발휘하지 못하고 있다.

1934년 연방예금보험공사가 설립되었을 당시 예금보장한도는 5,000달러였다. 그것은 1인당 12년치 평균개인소득이었다. 1980년에는 인플레이션과 소득 증대를 반영하여 예금보장한도가 10만 달러로 마지막으로 상향 조정되었다. 그렇지만 10만 달러는 오늘날 1인당 3년치 평균개인소득보다 적다.

증권회사들이 파산할 경우 고객들을 보호하는 증권투자자보호공사^{Securities Investor Protection Corporation: SIPC}의 보장한도 역시 1980년 마지막으로 상향 조정되었다. 현재 현금 계정의 경우 보장한도는 10만 달러, 주식 계정의 경우 50만 달러다. 거액처럼 보이지만, 중대한 위기가 닥쳤을 경우 많은 증권거래고객들의 공황적인 자금 인출 사태를 막기에 충분한 금액은 아니다.

이러한 중요한 보호 장치들의 기능 저하는 경제 시스템의 회복력을 떨어뜨리고 있다. 명목통화를 토대로 연방예금보험공사와 증권투자자보호공사의 보장한도를 정한 것은 중대한 설계 오류다. 바스켓을 토대로 보장한도를 정하는 것이 더 나은 방법이다. 그리고 인플레이션보다는 명목개인소득에 연동하는 다른 계산 단위를 이용하는 것이 훨씬 더 나은 방법이 될 것이다.

미국 의회는 2005년 연방예금보험개정법처럼 때때로 적합한 조치를 취했지만, 일관성 부족으로 그러한 제도들의 기능이 심각하게 훼손되고 있다. 가치를 올바르게 정의하는 것이 말을 하는 것만큼 쉬워질 수 있도록, 그리고 미래에 그러한 실수를 저지르지 않도록 새로운 경제 측정 단위 제도를 채택한다면, 그러한 제도들 역시 제 기능을 다할 수 있게 될 것이다.

요약: 정보 인프라

이러한 여섯 가지 조치는 정보 동원력을 향상시킴으로써 지금과 같은 경제 위기가 발생하는 것을 보다 효과적으로 예방할 수 있을 것이다. 일단 보다 나은 정보 인프라를 개발할 경제적·정치적 동기를 제공하면, 그리고 몇 년 동안 그러한 인프라가

제 기능을 수행하게 되면 우리는 그러한 정보를 창의적이고 진취적으로 이용할 수 있는 신세계에 들어서게 될 것이다. 전적으로 새로운 온라인 및 오프라인 비영리 정보 제공업자들이 등장하게 될 것이고, 개인과 기업 모두 보다 나은 금융 결정을 내릴 수 있도록 서로 협력하게 될 것이다.

새로운 리스크 시장

몇백 년에 걸쳐 금융시장은 그 영역이 점진적으로 확대되었다. 날이 갈수록 점점 더 많은 리스크들이 거래되고, 그러한 리스크들을 헤지할 기회들이 점점 늘어나고 있다. 이제 시장을 진정으로 민주화시킬 수 있도록(그리하여 궁극적으로 개개인에게 중요한 특정 리스크들을 시장이 보호할 수 있도록) 시장 개발에 박차를 가해야 할 때다.*

• 로버트 쉴러는 *Macro Markets: Creating Institutions for Managing Society's Largest Economic Risks*(Oxford: Oxford University Press, 1993)에서 새로운 시장에 대한 이러한 생각들을 보다 폭넓게 발전시켜 제시하고 있다.

대책 7. 부동산 선물시장

가장 시급한 것은 진정으로 유동성이 풍부한 부동산시장(특히 대부분의 가정이 보유하고 있는 단독 자산들 가운데 가장 비싼 자산인 단독주택시장)을 구축하는 것이다.

나와 동료들은 20년 동안 혁신적인 부동산 신시장 캠페인을 전개해왔다. 시카고상업거래소^{Chicago Mercantile Exchange: CME}(2007년 시카고상품거래소와 합병 이후 CME그룹의 계열사가 되었다)에서 나와 칼 케이스가 처음 개발한 S&P/케이스-쉴러 주택가격지수를 이용하여 단독주택가격 선물시장을 만들면서, 그러한 캠페인에 획기적인 발전이 있었다. 펠릭스 카라벨로^{Felix Carabello}, 존 라부쥬스키^{John Labuszewski}, 앤소니 자카리아^{Anthony Zaccaria}를 선두로 이러한 시장들이 2006년 5월 미국 10개 도시에서 열렸다. 오늘날 이 시장들은 세계 유일의 주택가격 선물시장이다. 조나단 리스^{Jonathan Reiss}와 프리츠 시벨^{Fritz Siebel} 같은 시장 조성자^{market maker}들의 노력에도 불구하고, 이러한 시장들은 유동성이 낮다. 하지만 우리는 그러한 시장들에 큰 기대를 걸고 있다.

그런 파생상품 시장들은 투기적인 부동산 버블을 길들일 잠재력이 있다. 만일 그러한 시장들이 없다면, 투자자들은 부동산을 공매도 ^{short selling}(가치 하락이 예상되는 주식, 상품, 심지어는 부동산을 빌려 매도 주문을 내는 방식 – 옮긴이)할 길이 없어지게 될 것이다. 그리고 버블이 껴 있다고 생각하는 회의적인 투자자들은 시장에서 나가는 것(즉, 주택을 파는 것. 물론 이것은 매우 어렵고도 격한 결정이 될 것이다) 외에 자신의 그런 생각을 시장에 표현할 길이 없게 될 것이다.

만약 도시별 부동산 선물들이 유동적으로 거래되는 시장이 형성된다면, 회의적인 시각을 갖고 있는 전 세계 투자자들은 시장에서 특정 행동을 취함으로써 투기적 버블을 줄일 수 있다. 그러한 버블이 공매도자들에게는 이익을 올릴 기회이기 때문이다. 만약 많은 사람들이 그 시장에 주목하고 있다면, 주택건설업자들은 계획보다 가격이 내려가는 것을 보고 건설 규모를 줄일 것이다. 그러므로 최근 우리가 미국에서 목격했던 것과 같은 대규모 건설 붐을 피할 수 있을 것이다. 만약 주택건설업자들이 주택을 여전히 건설하면서, 주택가격 하락에 따른 손실을 줄이기 위해 주택 헤지 거래를 한다면 그들은 착공도 하기 전에 손실을 체감할 것이다.

파생상품시장 조성으로 기초자산 가격의 불안정성이 줄어들기보다 늘어날 수도 있다는 우려도 일부 제기되고 있다. 그렇지만 금융경제학자인 스튜어트 메이휴^{Stewart Mayhew}는 학술논문에서 다음과 같은 설문조사 결과를 밝힌 바 있다.

"경험으로 미루어보아, 파생상품 도입으로 기초자산시장이 불안정해지지는 않는다. 파생상품시장이 기초자산 가격의 불안정성을 감소시키지 못한다. 혹은 기초자산 가격의 불안정성에 어떤 영향을 미치지도 못한다. 다만 파생상품의 도입으로 시장의 유동성 및 정보 전달력이 향상될 수 있다."•

이러한 결과가 주택시장에도 해당되는지는 명확하지 않다. 주거용 부동산시장은 매우 유동적이지 못하고, 폭넓은 대중이 그 가격을 잘 알고 있다. 하지만 내 생각에는 오히려 이러한 이유 때문에 주택시장에 파생상품을 도입하고 전문가들을 투입하면 주택시장의 기능이 향상될 것 같다.

경제학자인 밀턴 프리드먼^{Milton Friedman}이 반세기 전에 지적했던 것처럼, 트레이딩 전문가들이 시장을 안정시키는 데 어느 정도 기여할 것이다. 시장이 불안정해지면(높은 가격에 사서 낮은 가격에 팔면), 그들은 손실을 입게 될 것이기 때문이다. 시장에서

• Stewart Mayhew, "The Impact of Derivatives on Cash Markets: What Have We Learned?" Terry College Business, University of Georgia, February 3, 2000; http://www.terry.uga.edu/finance/research/working_papers/papers/impact.pdf.

오랫동안 살아남고 싶다면, 그것은 결코 써서는 안 되는 전략이다.

2006년 5월 개장 이래, CME 주택선물시장의 가격을 보면 미국 주택가격의 대하락을 예상할 수 있었다. 이러한 시장들이 전국에 있었다면, 그리고 2006년 이전에 이러한 시장이 발전했더라면, 그리고 많은 이들이 이러한 시장들을 알고 이해했더라면 건설 붐 때문에 지금과 같은 사태가 발생하는 일은 결코 없었을 것이다. 건축업자들은 선물시장의 믿을 만한 가격 예측을 통해 재앙의 전조를 알아차렸을 것이다.

막대한 자금 동원력을 갖고 있는 많은 기관들이 이러한 선물시장에서 커다란 잠재력을 발견하고 있다. 이러한 시장들 덕에 그들은 중요한 소매 리스크 관리 상품들을 출시할 수 있고, 그로 인한 각종 리스크를 헤지할 수 있다.

하지만 실질적으로 유익한 역할을 할 수 있으려면 이러한 시장들이 유동적이 되어야 한다고 기관들은 주장한다. 하지만 기관들이 거래를 활성화시키기 전까지는 이러한 시장들이 유동적이 되기 어렵다. 이것은 '닭이 먼저냐 계란이 먼저냐'라는 문제와 같다. 이 문제를 해결하려면, 선물시장에 닭들을 한자리에 불러 모을 촉매제가 필요하다. 향후 설명할 일부 혁신적인 방식들이 그러한 촉매제 역할을 할 수 있을 것이다. 시장 조정자들이 유동성을 제공하도록 만들려면, 시장이 그런 동기를 제공해야 하고, 유동성이 생기면 다른 이들도 시장 활동에 참여하게 될 것이다.

다량의 부동산 리스크 관리를 위한 다른 종류의 시장들에는 옵션^{option}, 스왑^{swap}, 선도^{forward}, 그리고 이와 유사한 파생상품들이 있다. CME에서는 단독주택가격 선물들을 출시하면서 그와 동시에 S&P/케이스-쉴러 주택가격지수를 토대로, 2006년 단독주택가격 옵션시장을 열었다.

연금^{pensions}과 기금^{endowments}, 그리고 여타 세계 투자자들은 (이러한 시장들이 유동적이라면) 이러한 시장들이 그들의 활동에 매우 중요하다는 사실을 발견하게 될 것이다. 규모 면에서 부동산은 주식시장 전체와 맞먹는 중요한 자산 집단이다. 그러므로 포트폴리오 관리자 입장에서 보면 부동산 역시 다각적으로 분산 투자할 필요가 있다. 다양한 파생상품시장 덕에, 이제 기관 투자자들은 보다 치밀하게 체계적으로 부동산에 접근할 수 있게 될 것이다.

상업용 부동산 역시 이러한 시장들이 발전하고 있다. 영국 상업용 부동산의 IPD 지수를 보면, 시장 개장 초부터 그 시장의 명목 가치가 150억 파운드를 넘었다는 것을 알 수 있다. 영국 상업용 부동산의 전체 가치에 비하면 여전히 극히 적은 액수다. 하지만 고무적인 시작인 것만은 분명하다.

대책 8. 새로운 파생상품

부동산이 경기변동에, 특히 현 위기에 매우 중요한 자리를 차지하고 있기 때문에 이 책에서는 부동산시장을 가장 중점적으로 다루고 있다. 그러나 금융 부문을 보다 온전히 발전시키기 위해 우리는 다른 새로운 시장들을 많이 창조해야 하고, 또 창조하게 될 것이다.

이러한 시장들 중에서도 가장 중요한 시장은 (개인소득, 직업별 소득, 지역별 소득, 국민소득 등의) 소득을 장기적으로 보호해줄 시장이다. 이러한 시장들이 중요한 이유는 개개인이 직면해 있는 가장 중요한 리스크인 생계 리스크를 헤지할 수 있기 때문이다.

직업별 소득 관련 상품이 거래되는 시장[예를 들면 직업별 소득 관련 선물, 선도, 스왑, 그리고 ETN^{Exchange-Traded Note}(금융기관이 상장을 목적으로 발행한 선순위 무보증 채권 – 옮긴이))은 궁극적으로 사람들이 평생 소득 리스크를 헤지할 수 있도록 도와줄 것이다. 앞으로 또다시 논의하겠지만, 지속적인 워크아웃형 모기지 대출기관들에 있어서 이러한 시장들은 매우 중요한 의미를 갖게 될 것이다.

때때로 GDP^{Gross Domestic Product}(국내총생산)로 측정되는 국민소득과 관련 상품이 거래되는 시장도 활성화될 수 있다. GDP 회계가 잘 발달되어 있고, 세계 모든 국가를 위해 데이터가 관리되고 있기 때문이다.

스테파노 아사나솔리스^{Stefano Athanasoulis}와 나는 정부들이 GDP 연동증권을 발행할 것을 주장했다. 국제연합개발계획^{United Nations Development Program}의 스테파니 그리피스-존스와 인지 카울, 국제통화기금의 에두아르도 보렌즈테인과 파올로 모로, 그리고 경제자문위원회^{Council of Economic Advisors}의 크리스틴 포브스 역시 그러한 주장을 지지했다.

이것은 GDP의 일부를 배당금으로 지급하는 영구 부채가 될 수 있다. 캐나다에서 그러한 증권을 활성화시키기 위해 나의 동료인 요크대학의 마크 캄스트라는 그러한 증권을 '트릴^{trill}(조^{trillion}를 줄인 말)'이라고 부르자고 제안했다. 그것은 연간 GDP의 조^兆

분의 1을 주당 배당금으로 지급하게 될 터였기 때문이다. 예를 들면 캐나다 1트릴은 연간 배당금으로 캐나다달러로 약 1.5달러를, 미국 1트릴은 미국달러로 약 15달러를 지급하게 될 것이다. 이러한 배당금은 국기의 경세 성공 수준에 따라 늘어나거나 줄어들 것이다.

오늘날 캐나다 1트릴의 시장 가치는 캐나다 달러로 약 30달러, 미국 1트릴의 시장 가치는 미국달러로 약 300달러 정도 된다. 트릴의 가치는 국가의 미래에 관한 전망에 따라 오르락내리락할 것이다. 기업의 주가가 기업의 미래에 관한 전망에 따라 오르내리는 것처럼 말이다. 이러한 증권들을 위한 흥미롭고 활기찬 시장이 형성될 것이다.

가장 중요한 것은, 트릴시장으로 인해 국가들이 국가적인 경제 리스크를 헤지할 수 있게 된다는 사실이다. 만약 미국 정부가 몇 년에 걸쳐 트릴을 발행한다면, 그리고 국채 가운데 상당 부분이 트릴이라면, 미국 정부는 서브프라임 위기 같은 긴급 상황에 즉각 대처할 수 있는 충분한 자원을 동원할 수 있을 것이다. 경기침체 때 정부는 국채 이자에 대한 부담이 예상보다 줄어들게 될 것이다.

그러므로 보다 많은 자원들을 위기를 극복하는 데 이용할 수 있게 될 것이다. 그것은 국가적 차원에서 이루어질 수 있는 근본적인 위기 관리다.

물론 아직은 어떤 정부도 트릴을 발행한 적이 없다. 2005년 아르헨티나의 GDP 연계 워런트(아르헨티나 정부는 국가 채무 불이행을 선언하며, 국채 보유자들에게 경기가 일정 수준 이상 좋아지면 수익을 보장하는 워런트^{warrant}를 제공했다. 이 워런트는 실질적으로 국내총생산이 정부가 제시했던 국내총생산 수준을 넘어설 경우 수익을 지급했다 – 옮긴이)처럼, 일부 GDP 연계증권이 있기는 하지만 말이다. 이러한 제도를 보다 효과적으로 확립하려면, GDP 수치의 보고 일정 및 정확도를 개선시킴으로써 나중에 수치를 크게 수정하는 일을 줄이기 위해 한층 노력해야 한다.

대책 9. 저소득층을 위한 지속적인 워크아웃형 모기지

지금까지 설명한 새로운 시장들은 일반적인 리스크 관리 인프라를 구축하기 위한 것이다. 하지만 복잡한 리스크 관리 기술을 일반 대중이 이용할 가능성은 적다. 가령 대중들은 선물시장을 잘 이용하지 않는다. 그들은 선물거래에 익숙하지 않다. 선물시장을 잘 모르는 사람들에게 선물거래는 도전적인 일일 수밖에 없다. 따라서 그들이 이 새로운 시장에 참여하여 금융 민주주의를 건설할 수 있도록 우리는 단순한 소매상품들을 설계해야 한다.

이런 단순한 소매상품들은 농부들 개개인의 리스크를 관리해주는 대형 곡물창고에 비유할 수 있다. 농부들은 일반적으로 선물시장을 이용하여 자신의 리스크를 헤지하고 있지 않다. 대개 농부들에게 그것은 어려운 일이다. 하지만 농민이 현지의 대형 곡물창고 소유주와 계약을 하면 자신이 생산한 곡물 가운데 일부를 현지 대형 곡물창고로 넘길 수 있고, 그 계약으로 농민은 자신이 직면해 있는 시장 리스크 가운데 일부를 (선물거래를 통해 리스크를 헤지할) 대형 곡물창고 소유주에게 넘길 수 있다.

이런 간단한 개념이 바로 개개인을 위한, 한층 개선된 리스크 관리 모델이다. 위에서 설명한 리스크 관리 시장의 혜택을 일반 대중이 함께 누릴 수 있도록 소매기관들이 도와줄 수 있다.

내가 '지속적인 워크아웃형 모기지'라고 명명한 새로운 종류의 주택 모기지는 상환 능력의 변화, 그리고 주택시장의 변화에 따라 모기지 조건이 지속적으로(아마 매월) 조정되는 모기지다. 이 모기지 계약에는 워크아웃이 매달 자동으로 이루어지도록 일정이 잡혀 있을 것이다. 현재는 채무 불이행 상태에 빠져 있는 주택 소유주에게 단 한 차례 모기지 워크아웃 기회가 제공된다. 지속적인 워크아웃형 모기지 대출은 민간 대출기업에서 하게 될 것이다. 그리고 정부는 그에 대해 적절한 규제와 인프라만 제공하게 될 것이다.

고 인플레이션과 고이자율 시기였던 1970년대 말에서 1980년대 초 사이에도, 지속적으로 대출 조건이 조정되던 모기지가 있었다. 프랑코 모딜리아니가 옹호했던 PLAM^{Price-Level-Adjusted Mortgage}(일명 물가연동금리조정담보대출)의 경우, 단 한 가지 경제지표, 즉 소비자물가지수로 측정되는 인플레이션율의 변화에 따라 상환금이 매달 조정되었다. 오늘날 우리는 PLAM보다 훨씬 더 나은 모기지 상품을 만들 수 있다. 왜냐하면 모기지를 워크아웃할 때 소비자물가지수 외에 고려할 수 있는 다른 많은 요소들이 존재하기 때문이다.

지속적인 워크아웃형 모기지의 경우 그 혜택이 자연스럽게 모든 이들에게 돌아가게 되므로 이는 금융 민주화의 좋은 예가 될 것이다. 약삭빠르게 훌륭한 변호사를 찾아내는 사람들, 자신의 권리를 먼저 적극적으로 주장하는 사람들, 혹은 궁핍함으로 동정심을 유발하는 사람들뿐 아니라 지속적인 워크아웃형 모기지로부터 이익을 얻을 수 있는 모든 사람이 이 모기지를 이용할 수 있도록, 워크아웃이 자동적·체계적으로 이루어질 것이다.

5장에서 나는 경제 위기가 대중의 신뢰를 손상시키고 시스템적인 실패를 초래할 수도 있으므로, 이러한 경제 위기를 극복하기 위해 서브프라임 해결책으로 구제금융이 쓰일 수밖에 없다고 주장했다. 하지만 유감스럽게도 구제금융은 도덕적 해이를 부추길 수도 있다는 부작용이 있다. 구제금융을 기대하고 어떤 이들은 일부러 무책임하게 행동할 수도 있다.

하지만 구제금융 장치가 사전에 설치되어 있지 않을 경우, 그리고 구제금융을 원하는 모든 이가 그것을 받을 수 없을 경우에만 그러한 부작용이 심각한 문제가 될 수 있다. 만약 자유시장에서 사람들이 선금을 주고 구제금융을 받을 권리를 구입한다면, 그것은 더 이상 구제금융이 아니라 그냥 보험일 뿐이다. 그럼에도 구제금융이 바람직하지 못한 행동을 부추긴다면, 그것은 적어도 '대가를 치른' 바람직하지 못한 행동이 될 것이다.

지속적인 워크아웃형 모기지는 '책임 있는' 구제금융을 제공할 수 있는 한 가지 방법이다. 이러한 금융 장치들이 사전에 설치된다면, 이러한 장치들은 파산법원이 파산신청을 받은 뒤 취하는 응급조치(즉, 대출자의 상환 능력에 맞게 대출 조건을 조정하는 조치)를 대신하게 될 것이다. 그러나 파산 절차와 달리, 지속적인 워크아웃형 모기지는 수입 변동에 따라 지속적으로 모기지 조건을 조정함으로써 사소한 문제가 중대한 위기로 발전되는 것을 막을 수 있다. 이러한 장치들을 정기 점검으로, 어디가 아파서 갑자기 응급실을 찾는 것이 아니라 큰 병을 예방하기 위해 정기적으로 받는 일종의 건강검진으로 생각하라. 지속적인 워크아웃형 모기지는 파산처럼 대출자를 당황시키지도, 대출자의 명예를 손상시키지도 않을 것이다. 다른 모기지 상품이었다면 파산을 초래했을 수도 있는 환경하에서도 지속적인 워크아웃형 모기지는 계속 유지될 것이고, 대출기관들은 상환금액이 줄어들기는 해도 적어도 연체되는 일 없이 대출금을 계속 회수할 수 있을 것이다.

물론 지속적인 워크아웃형 모기지에는 도덕적 해이가 발생할 가능성이 여전히 남아 있다. 예를 들어 대출자가 상환액을 줄이기 위해 일부러 실직을 할 수도 있고, 더 심한 경우 지하경제shadow economy에서 일하며 소득신고를 하지 않을 수도 있다. 보험과 파산을 포함해 모든 리스크 관리 제도에는 도덕적 해이가 발생할 가능성이 존재한다.

그러나 리스크 관리 기관들이 노력한다면 도덕적 해이를 어느 정도 통제할 수 있을 것이다. 도덕적 해이를 막을 인센티브를 가진 리스크 관리 기관들이 소득 손실에 대한 대응책을 사전에 계획해놓는다면, 도덕적 해이를 훨씬 더 효과적으로 통제할 수 있을 것이다.

도덕적 해이를 줄일 수 있도록 지속적인 워크아웃형 모기지를 설계할 한 가지 방법은 대출자의 실질소득뿐 아니라, 인구학적으로 또는 직업적으로 동일한 부류에 속하는 다른 사람들의 소득 능력에 관한 지표들을 토대로 상환액이 결정되도록 대출계약을 작성하는 것이다. 그런 경우 대출자가 의도적으로 소득을 줄이더라도 다른 지표들을 인위적으로 조정할 수 없기 때문에, 그러한 부도덕한 행위가 상환 일정에 큰 영향을 미치지 못하게 될 것이다. 일명 '직업별 소득지표'를 제대로 만들 수 있다면, 도덕적 해이를 최소화하면서 동시에 대출자의 상환 능력에 맞게 대출 조건을 조정할 수 있게 될 것이다.

지속적인 워크아웃형 모기지는 분명 서브프라임 대책들 사이에서 중추적인 역할을 할 것이다. 현재 모기지 워크아웃이 많은 정치인들로부터 강력한 지지를 받고 있다. 그러므로 결국 워크아웃은 제도적으로 조직화되어 우리 사회에 깊이 뿌리내리게 될 것이다.

대책 10. 홈에쿼티 보험과 생계보험

주택 가치 감소는 홈에쿼티home equity(주택가격에서 기존 모기지 대출 잔액을 빼고 남은 가치 − 옮긴이)를 감소시키거나 아예 없애버려 주택을 담보로 재융자를 받을 수 없도록 하거나 받기 힘들게 만들 수 있다. 그런 경우 주택 소유주는 이사를 하면 보다 고소득의 일자리를 구할 수 있는 상황임에도 불구하고 이사하지 못할 수도 있다. 결국 기존의 모기지는 채무 불이행으로 끝나게 될 것이다. 특히 모기지를 포기하면 엉망진창인 상황에서 벗어날 수 있는데, 주택 소유주가 모기지를 조금이라도 더 상환하기 위해 버둥거릴 필요가 없다고 결론을 내릴 경우에는 더욱 그럴 것이다.

대도시 지역에서의 주택의 시장가치를 기준으로 홈에쿼티 보험 계약을 작성함으로써, 현지 시장에서의 주택 가치 하락으로부터 주택 소유주를 보호할 수 있다. 홈에쿼티 보험은 (오늘날

247

많은 주택 소유주들이 처해 있는 것과 같은) 위험한 상황에 빠지는 것을 막아줄 것이다. 거액의 대출을 받아 주택을 구입할 경우에는 더욱 그럴 것이다. 홈에쿼티 보험은 많은 주택 소유주들이 홈에쿼티가 마이너스가 되는 상황에 빠지는 것을 막아줄 것이고, 그 때문에 살던 집에서 계속 살 수 있도록 도와줄 것이다. 그런 경우 주택 소유주들은 주택을 보유함으로써 얻을 수 있는 다양한 사회적·심리적 혜택들을 보다 많이 누릴 수 있게 될 것이고, 계속 살게 될 동네를 보다 깨끗이 하고 싶은 마음이 생기게 될 것이며, 지역사회 활동에 보다 적극적으로 참여하게 될 것이다.

화재보험의 경우 주택 소유주가 보험금을 타기 위해 일부러 집에 불을 내는 도덕적 해이가 발생할 수 있다. 만약 주택 매도 가격을 기준으로 홈에쿼티 보험 계약을 작성한다면 그와 비슷한 도덕적 해이가 발생할 수 있다. 주택 소유주의 입장에서는 깨끗하게 주택을 관리하거나 주택 매도 때 한 푼이라도 더 받으려 힘들게 협상할 인센티브가 없어질 것이다. 결국 그로 말미암은 손실은 보험회사가 떠안게 될 것이다. 하지만 개별 주택가격이 아니라 특정 도시에 있는 주택들의 총가치를 기준으로 보험계약을 작성한다면, 그러한 도덕적 해이가 발생하지 않을 것이다.

집값이 떨어지기 시작하는 것을 보고 주택 소유주들이 집을 팔기로 결심할 경우, 집값 폭락을 초래할 수 있는 투매 현상이 벌어질 수 있다. 그런 때 홈에쿼티 보험이 그러한 투매를 막는 역할을 할 수 있다. 과거에 그런 보험이 있었더라면, 급격한 변화를 겪고 있는 주요 도시에서 주택가격이 폭락하는 사건은 발생하지 않았을 것이다. 대신 '백인 탈출(인종 문제로 백인들이 흑인과 히스패닉계를 피해 교외로 대거 빠져나감으로써 발생했던 일종의 역버블)' 때보다 더 순조롭고 더 완만하게 변화가 진행되었을 것이며, 디트로이트, 필라델피아, 워싱턴 같은 도시에서 지역사회 경제가 붕괴되는 것을 최소화할 수 있었을 것이다. 혹은 그런 일을 피할 수 있었을 것이다. 도심들이 생기를 잃지 않았더라면, 산업이 현상을 유지하고 도심은 더욱 생기 있어지는 선순환이 발생했을 것이다.

과거에도 홈에쿼티 보험 제도가 도입된 적이 있었다. 1977년 일리노이 주 오크파크에서 처음으로 홈에쿼티 보험이 소개되었다. 최근에는 뉴욕 주 시러큐스에서 나의 동료가 근린재투자공사Neighborhood Reinvestment Corporation의 도움을 받아 그 제도를 시범적으로 실시했다. 이 시범 프로그램은 개별 주택의 매도가격이 아니라, 시러큐스의 주택가격지수를 토대로 홈에퀴티 보험 계약이 체결되므로, 도덕적 해이를 컨트롤할 수 있다는 점에서 혁신적이었다.

홈에퀴티 보험의 개념은 옵션에도 적용될 수 있다. 현재 CME에서 거래되고 있는 단독주택가격 옵션은, 미래에 주택가격이 떨어질 위험으로부터 자신을 보호할 확실한 방법을 주택 소유주들에게 제공하고 있다. 모든 사람이 CME에서 주택가격이 옵션 행사가격 이하로 떨어지면 보험금을 지급하는 보험과 같은 역할을 하는 주택가격 매도 옵션을 살 수 있다.

오늘날 대중들은 이러한 매도 옵션들을 이용할 수 있다. 하지만 그러한 방법들 이면에 자리한 리스크 공유 개념을 이해하는 것은 말할 것도 없고, 그러한 방법들을 이용하는 사람도 거의 없다. 많은 대중들은 옵션을, 무모한 투자자들을 현혹시키는 금융 장치로 생각한다. 사실은 옵션이 리스크를 분산시키고 최소화시키는 효과적인 장치 역할을 하고 있을 때 말이다. 소매시장에 새로운 투자 수단이 도입되면 항상 회의적인 시각이 제기되기 마련이다. 하지만 적절한 교육이 이루어질 경우 대중들은 궁극적으로 부동산 옵션 개념을 이해하게 될 것이고 그로부터 이익을 얻게 될 것이다.

한 중년인이 안정된 일자리를 잃을 경우, 예를 들어 그가 다니던 회사가 문을 닫거나, 그가 제공하는 서비스를 찾는 사람이 더 이상 없으면 소득이 없어질 것이고, 그러면 고달픈 여생을 보내게 될 것이다. 루이스 유치텔^{Louis Uchitelle}은 2007년에 쓴 책 《일회용 미국인: 해고와 그 여파^{The Disposable American: Layoffs and Their Consequences}》에서 이러한 불운을 겪은 사람들은 진정으로 고통받고 있지만 자괴감과 죄의식 때문에 대개 고통을 조용히 감내하고 있다고 주장했다.

생계보험은 실직의 여파를 극복하는 데 중요한 발판이 될 것이다. 생계보험은 또 다른 기존의 리스크 관리 제도, 즉 장애보험을 그 모델로 삼을 수 있다. 하지만 생계보험은 단순히 의학적 리스크를 넘어 경제적 리스크까지 포괄하도록 보장 범위를 확대할 것이다.*

장애보험이 개발되었을 때, 정보기술이 상당 수준에 달해 있었기 때문에 소득 능력과 관련된 의학적 리스크를 충분히 계산할 수 있었고 그러한 리스크들을 포괄하도록 보험증서를 작성

• 로버트 쉴러는 《새로운 금융질서: 21세기의 리스크》(정지만 옮김, 어진소리, 2003)에서 생계보험을 제안하면서, 그 개념에 대해 자세히 소개하고 있다.

할 수 있었다. 그러나 당시 장애보험 판매업체들은 장애가 개인의 생계에 미칠 경제적 영향까지 측정할 방법이 없었다. 요즘은 대규모 데이터베이스를 토대로 생계지수들을 정밀히 계량화할 수 있다. 그리고 그런 지수들은 분명 날이 갈수록 개선될 것이다.

도덕적 해이를 피하려면, 개인이 일을 그만두고 보험금에 의지해 사는 일이 없도록 생계보험이 단순히 보험 가입자에게 일정 수준의 소득을 보장해주어서는 안 된다. 지속적인 워크아웃형 모기지에서처럼 소득 감소에 따른 특정 리스크로부터 보험 가입자를 보호해주면서, 그와 동시에 보험 가입자의 소득뿐 아니라 다른 요소들을 토대로 보험금이 조정되도록 생계보험계약을 작성할 수 있을 것이다.

예를 들면 도덕적 해이가 발생하지 않도록 보험금 책정에 직업별 소득지수를 이용할 수 있다. 만약 직업별 소득 리스크를 위한 시장이 있다면, 민영 보험업자들은 그러한 보험에 가입함으로써 그 리스크를 헤지할 수 있을 것이다. 기존의 장애보험 산업은 생계보험 산업을 구축하는 데 필요한 기본적인 인프라를 제공하고 있다.

생계보험은 100년의 역사를 지닌 실업보험의 개념을 보다 현대적으로, 보다 효과적으로 구현하고 있다. 1911년 영국에서 실업보험이 개발되어 데이비드 로이드 조지 David Lloyd George의 통솔하에 실업보험이 시행되었을 때, 〈런던 타임스〉는 이렇게 보도했다.

"하지만 실업보험은 전례가 없는 일이다. 그것은 정말 매우 대담하고 무모한 조치다."●

그러한 도박은 긍정적인 결과를 거두었다. 영국의 실업보험 제도를 베끼는 국가들이 날이 갈수록 늘어났다. 실업보험을 제공하는 기관들은 대개 도덕적 해이를 컨트롤할 수 있었다. 그렇지만 지금과 같은 형태의 실업보험으로는 결코 장기적인 생계를 효과적으로 보장할 수 없었다.

정보기술이 한층 발전하고 금융 이론이 보다 정교해졌기 때문에, 우리는 분명 초창기 실업보험 설계자들이 맡았던 임무를 한 단계 발전시킬 수 있을 것이다. 생계보험을 시행하는 것이 매우 복잡한 일이므로, 아마도 민영 보험사들이 생계보험을 제공하고 정부는 규제와 인프라, 그리고 교육 같은 준공공재를 지원함으로써 생계보험이 자리를 잡을 수 있도록 도와야 할 것

● "Unemployment Insurance", *The Times*, May 13, 1911, p. 11.

이다.

많은 사람들이 서브프라임 위기로 영구 실업은 아니라 해도 여생 동안 고소득을 올릴 능력을 영원히 상실하게 될 인생의 전환점을 맞고 있다. 하지만 생계보험으로 그러한 트렌드가 미칠 여파를 효과적으로 줄일 수 있게 될 것이다. 수백만 명이 커다란 소득 감소를 겪고 있는 지금이 바로 생계보험을 고려할 적기다.

리스크 관리 vs. 리스크 회피, 무엇이 정답인가?

지금까지 논의한 리스크 관리 장치들을 채택할 경우 근본적인 효과를 거둘 수 있을 것이다. 그러한 장치들이 부족하면 우리는 부적절한 방법으로 리스크를 회피하려 들 것이다. 예를 들어 리스크를 무조건 회피하고자 한다면 우리는 어디서 살고 어디서 일할지를 결정할 때 바람직하지 못한 결정을 내리게 될 것이다.

지역 선택에 수반되는 리스크를 막을 길이 없다면, 우리는 실직의 위험이 전혀 없다고 판단되는 안전한 일자리를 선택할 가능성이 높다. 도심으로부터 멀리 떨어진 마을이나 조그만 시골 등, 구직시장이 비교적 전문화되어 있는 지역보다는 다양한 일자리 기회가 존재하는 대도시에서 일자리를 구하려 할 것이다. 그러므로 우리는 보다 전통적인 일자리 선택 방식을 따르게 될 것이고, 대도시들과 교외지역들에 보다 의존하게 될 것이다.

리스크 회피 행동은 시정부, 주정부, 심지어는 연방정부의 행동에도 영향을 미칠 것이다. 새로운 경제개발 계획들에 수반되는 불확실성을 두려워하여, 이러한 정부들은 일반적으로 보다 안전한 방법을 택할 것이고 전통적인 방식을 따를 것이다. 신흥 기술이나 신흥 산업의 중심지로 고장을 발전시켜야 할 때, 그들은 다른 성공한 지역을 맹목적으로 흉내 내게 될 것이다.

이러한 회피 행동들은 우리 사회를 획일화시키고, 모험심을 질식시킬 것이다. 사람들은 근본적인 리스크를 피해야 하지만, 헤지할 방법이 있는 리스크(많은 사람들이 나누어 가짐으로써 치명타를 입을 위험이 없는 리스크)는 반드시 피할 필요가 없다. 하지만 사람들은 이 두 가지 부류의 리스크를 모두 회피하려는 경향이 있고, 그 때문에 사회의 활력과 창의력이 상당히 고갈되고 있다.

장기 대책들의 시너지 효과

사회 구성원 모두가 이용할 수 있는 훌륭한 정보 인프라를 우리 사회가 갖추고 있다고 상상해보라. 주거용 부동산과 상업용 부동산 모두를 위한 파생상품 시장, 개인들의 리스크 관리에 이바지할 지속적인 워크아웃형 모기지, 홈에쿼티 보험과 생계보험 같은 개선된 소매상품, 사람들이 리스크 관리 장치를 현명하게 이용할 수 있도록 해놓은 디폴트옵션 같은 훌륭한 정보 인프라들을 말이다.

주거용 주택시장에서 주택가격이 지나치게 비효과적으로 결정되는 일이 사라질 것이다. 투기적 사고의 영향으로 주택가격이 요동칠 때, 국제 투자자들의 시장 활동으로 그러한 현상을 누그러뜨릴 수 있으며 그 결과 지금의 서브프라임 위기와 같은 혼란이 발생할 가능성이 줄어들 것이다. 그리고 경제 불안정의 주 원인인 부동산투자에서의 급등락이 합리화될 것이다.

그 결과 우리 사회는 보다 안정된 시장, 그리고 보다 이성적인 경제를 기대할 수 있게 될 것이다. 궁극적으로 일상생활에 영향을 미칠 대규모 금융 불안정이 잠재적 문제라는 사실조차 잊어버리게 될 것이다. 현대 의학이 널리 퍼지면서, 한때 창궐

했던 디프테리아와 황열병 같은 전염병을 우리가 잊어버리게 된 것처럼, 현대 금융이 민주화되면 이러한 문제들이 역사 속으로 사라지게 될 것이다.

모두에게 이익을 주는 시스템,
금융 민주주의

장기적이며 지속적인 경제 성공의 열쇠는 시장에 대한 올바른 신뢰다. 그와는 반대로, 버블은 잘못된 신뢰의 결과다.

이 책에 제시된 여러 가지 해결책들은, 시장들 및 그러한 시장들과 관련된 다양한 리스크 관리 제도들이 우리 모두에게 이익이 되도록 제 기능을 다하게 만듦으로써 올바른 신뢰를 강화시키기 위한 것이다.

여기 설명된 단기적인 해결책들은 가장 시급한 대책들이다. 오늘날 금융 위기로 인해 국민들은 고통 받고 있고, 기업들이 쓰러지고 있다. 이런 충격적인 기억들은 1930년대 대공황 때처럼 우리 시장에 대한 신뢰와 믿음을 손상시키고, 시간이 갈수록 사회구조를 손상시킬 것이다.

하지만 안정을 보다 공고히 하려면, 궁극적으로 장기적인 해결책이 필요하다. 이제 우리 모두가 보다 나은 미래 건설에 동참할 수 있는 변화들을 이루어낼 기회를 찾아야 한다. 경제 발전 과정에는 끝이 없다. 현재의 위기로부터 우리는 깨달음을 얻게 될 것이고, 변화를 통해 더 나은 세상에 이르게 될 것이다.

일부 사람들은 여기 제시되어 있는 장기적인 대책들이 낯설고 의외라고 생각할 수도 있다. 이들의 시각에서는 금융시장 및 제도를 한층 발전시키고, 보다 효과적으로 제 기능을 수행할 수 있도록 자유화하자는 제안이 우리를 그릇된 방향으로 인도하는 잘못된 제안처럼 보일 수 있다.

실제로 어떤 사람들은 금융 부문 전체가 궁극적으로 터질 수밖에 없는 버블이라고 주장한다. 노동경제학자인 토마스 필리폰Thomas Philippon과 아리엘 레세프Ariell Reshef에 따르면, 미국 금융 부문은 1950년 GDP의 2.3퍼센트에서 2005년 GDP의 7.7퍼센트로 성장했다. 이러한 급성장이 가능했던 이유는 부분적으로 지난 20년 동안 주식 붐, 원유 붐, 그리고 여타 상품시장 붐이 일었기 때문이다.

그렇지만 필리폰과 레세프 역시 1970년대 말 이래 금융 부문에 두드러진 변화가 발생했다고 주장한다. 1970년대 금융 노동자들은 다른 노동자들에 비해 교육수준이 약간 더 높고, 약간 더 높은 임금을 받았다. 그 후 금융 노동자들은 다른 부문의 노동자들보다 기술 집약도 측면과 보수 측면에서 훨씬 빠른 성장을 보였다.* 이러한 변화는 중대한 금융 신기술의 성장 덕분으로 보인다. 이 점을 인정한다면, 그 다음 단계는 모든 이에게 이익이 돌아가도록 이러한 기술을 이용하는 단계가 되어야 할 것이다.

금융 부문을 한 걸음 퇴보시키거나 벌하는 것이 현재의 경제 위기 대책의 기본 틀이라고 생각하는 사람들이 있다. 다시 말해 구제금융이나 규제, 규칙, 벌칙, 징역형을 늘리는 것이 서브프라임 위기를 극복하는 길이라고 생각하는 것이다.

나 역시 구제금융이 서브프라임 위기를 극복하는 데 '단기적으로' 중요한 역할을 하리라 생각한다. 경제 시스템이 위험으로부터 국민들을 지켜내지 못할 때마다, 우리는 구제금융을 통해

---

* Thomas Philippon and Ariell Reshef, "Skill Based Financial Development: Education, Wages, and Occupations in the U.S. Financial Sector", *National Bureau of Economic Research Working Paper* No. 13437, September 2007; http://www.nber.org/papers/w13437.

261
에필로그 | 모두에게 이익을 주는 시스템, 금융 민주주의

서로에 대한 따뜻한 인간애를 표현했다.

구제금융 등으로 대표되는 서로에 대한 신뢰감의 발현이야
말로 인간적인 행동의 산물이다. 마셜 플랜을 생각해보자. 어떤
의미에서, 2차 세계대전 이후 황폐화된 유럽 국가들에 미국이
준 선물이라 할 수 있는 마셜 플랜 말이다. 사전에 맺은 보험계
약에 따라 미국이 유럽 국가들에 지원금을 제공했던 것이 아니
다. 그것은 케인스가 30년 전에 자신의 저서《평화의 경제적 결
과》에서 주장했던 원칙들을 구현한 것이었다. 그것은 전후 유
럽이 처한 끔찍한 상황에 대한 인도적인 대응이었다. 소설가이
자 사회비평가인 아모스 오즈^{Amos Oz}는 자신의 2006년 저서《광
신자 치유^{How to Cure a Fanatic}》에서 이렇게 주장했다.

"냉전에서 승리를 거둔 것은 마셜 플랜이었다. 광선총과 미
국의 전략방위구상이 아니라 마셜 플랜이 냉전을 승리로 이끈
것이다. 나는 공산주의가 마셜 플랜으로 인해 패배했다고 생각
한다. 비록 그렇게 되기까지 30~40년의 세월이 걸리긴 했지만
말이다. 마셜 플랜을 통해 냉전을 승리로 이끈 것은 로널드 레
이건이 아니라 해리 트루먼이다."[•]

• Amos Oz, *How to Cure a Fanatic*, Princeton, N.J.: Princeton University Press, 2006, p. 79.

현재 금융 위기 속에서 소외당하며 살고 있는 사람들을 위해 우리가 너그러운 마음을 다시 한 번 발휘하길 바랄 뿐이다. 하지만 일시적인 구제금융은 경제적·사회적 차원에서 향후 인간의 안녕을 지키기에 적합한 수단이 아니다. 앞으로도 지금 위기에 버금가는 위기가 또다시 닥칠 수 있다. 오늘날 구제금융의 근저에 자리한 인간애는 그런 위기를 사전에 차단할 수 있도록 시스템적인 절차를 확립해놓을 것을 요구한다.

우리는 불행한 사람들에게 너그러움을 베풀 방법을 제도화해야 한다. 그러기 위해서는 궁극적으로 리스크 관리 계약들이 체결되어야 한다. 그러면 많은 자선기관들이 보험 관련 기관으로 바뀌어 버린 지난 200년간의 트렌드가 자연히 확대될 것이다.

자신이 받은 보상금이 자선의 결과라기보다 보험의 결과라고 한다면, 아마도 사람들은 덜 감사할 것이다. 그러나 여기서 우리가 원하는 것은 사람들이 감사하는 마음을 갖는 것이 아니다. 사람들은 잠시 감사함을 느끼다가도 금세 자괴감과 패배감에 빠져들 수도 있다. 모든 사람을 공평하게, 그리고 온정적으로 대하는 기관들이 있다는 대중들의 의식은 무엇보다 사회 안정화에 기여할 것이다. 비록 그러한 기관들의 행동이 즉각 너그러운 행동을 촉발시키지는 못한다 해도 말이다.

서브프라임 위기는 상당한 비난을 불러일으키고 있다. 지금과 같은 사태에 결정적인 역할을 했던 부도덕한 이들을 비난하고 싶어 하는 것은 당연한 일이다. 하지만 비난을 일삼다보면 실질적인 해결책을 찾을 기회를 놓쳐버릴 위험이 높다.

물론 부도덕한 짓을 저지른 이들이 있다. 모든 금융 붐이 부도덕한 사람들이 이익을 챙길 수 있는 기회를 만들고 있다. 그러한 기회들은 '기업적 올바름'이라는 베일 뒤에 숨도록 그들을 유도한다. 그리고 가려져 있던 진실이 알려진 뒤에도 그들은 기업적 올바름을 내세워 더욱 뻔뻔한 행동을 한다. 서브프라임 위기 동안 그들 가운데 일부는 눈감아주기 어려운 짓을 했다. 서브프라임 위기 한가운데에 있으면서도, 그들은 자신의 이익을 위해 주택시장에는 아무런 문제가 없으며, 다음 달 즈음이면 시장이 바닥을 치고 상승세로 돌아설 것이라고 계속 주장했던 것이다. 그들이 비참한 결말을 맞은 이후에도 그들에게 동정심을 갖기는 어려울 것이다.

최대 투자은행들과 중개업체들의 수장들이 해고를 당한 것은 놀라운 일이 아니다. 새로운 시작을 상징하는 의미로 종종 최고 권력자가 해고된다. 그렇지만 부도덕한 이를 심판하고자 하는 욕망이, 기관들과 그들의 원칙들까지 벌하고 싶어 하는 단계로 발전하는 것은 바람직하지 않다.

1929년 주식시장 붕괴와, 그 결과로 발생한 대공황이 유럽 일부 지역에서 분노를 들끓게 했고 인종차별주의와 국수주의를 강화시켰다. 그 때문에 유럽 대륙의 금융제도는 한층 약화되었다. 그와 반대로, 1930년대 미국에서는 1929년 금융 위기가 오히려 금융 부문을 강화시키는 결과를 낳았다. 유럽인들의 적대감이 제 기능을 수행하고 있는 금융시장으로 흘러들어가 잘못 분출되었다는 사실을 온전히 이해하게 된 것은 그로부터 50년이 지난 뒤였다. 우리는 이러한 깨달음을 잊지 말아야 한다.

금융 관련 기술들의 발전으로 문제는 더욱 악화되고 있다. 몇십 년 동안 미국뿐 아니라 대부분의 선진국들에서 빈부격차가 더 심해진 것을 보면 알 수 있다. 해가 갈수록 빈부격차가 벌어지는 가운데, 금융시장에서 거액의 이익을 올리는 사람들을 지켜보는 것이 점점 힘들어지고 있다.

그렇다고 부자를 탄생시킨 '기술'을 벌하는 것은 옳지 않다. 금융은 진실로 강력한 기술이고, 모든 사람을 보다 부자로 만들어줄 수 있는 강력한 수단이 될 수 있기 때문이다. 심지어 빈부격차를 '줄이는' 데도 이용될 수 있다. 현대 사회에서 경제 불평등의 주원인 가운데 하나가 리스크를 제대로 관리하지 못했기 때문이다. 그러나 리스크를 관리하는 데 금융 기술이 효과적으로 쓰일 수 있다.

기업 이사회에서의 정실인사가 경제 불평등에 한몫을 하고 있는 것은 사실이다. 그리고 이사회 멤버들 사이에서는 고위 간부들이 막대한 보수를 받을 자격이 있다는 생각이 강해지고 있다. 하지만 이것을 경제 불평등의 주원인이라고 생각해서는 안 된다. 다시 말해 금융 엘리트와의 임금 전쟁이 이 문제를 해결할 가장 좋은 방법이라고 해석해서는 안 된다.

금융 세계의 최고경영자들은 보통 다른 사람들을 알뜰히 살피는 사람들이 아니다. 적어도 그들은 인생에서 다른 사람들을 배려하는 마음이 적을 수밖에 없는 단계에 이르렀다. 그들은 치열한 금융 시합에 출전 중이기 때문에 경쟁심에 가득 차서, 그리고 너무 바빠서 가난한 사람들을 생각할 여력이 없는 것이다. 그들은 분명 간호사도, 유치원 교사도 아니다. 하지만 그들의 활동을 직접적으로 반대하는 정책이 우리의 문제를 해결할 열쇠는 아니다.

대중들의 분노가 금융시장을 향해 있는 지금과 같은 상황에서, 정치 후보자들이 금융시장을 확대·발전시키겠다는 공약으로 대중들로부터 지지를 얻어내기는 어려울 것이다. 하지만 서브프라임 위기를 극복하고, 향후 그와 비슷한 위기가 재현되는 것을 막으려면 그들은 반드시 그렇게 해야만 한다.

옮긴이 정준희

한국외국어대학교 영어과를 졸업했고, 현재 전문 번역가로 활동하고 있다. 옮긴 책으로 《필립 코틀러 마케팅을 말하다》, 《토요타 인재 경영》, 《생각을 쇼(SHOW)하라》, 《후지산을 어떻게 옮길까?》, 《애플의 방식》, 《90일 안에 장악하라》 등 다수가 있다.

감수 장보형

현재 하나금융연구소 연구위원으로 재직 중이며, 1968년 부산 출생으로 91년 연세대 경제학과를 졸업했다. 94년 한신대 대학원 경제학과 졸업 후 98년 와이즈인포넷 국제금융경제팀 팀장 등을 거쳤다. 저서로는 전 FRB의장 벤 버냉키의 금융정책을 분석한 《버냉키노믹스》(편저)가 있다. 리먼 브라더스 파산과 동시에 한국에 출간되어 화제가 되었던 《서브프라임 크라이시스》의 해제를 통해 국제적 금융 위기의 현실적 상황을 이해하기 쉽게 해설하였고, 《야성적 충동》에 이어 이번 책 《버블 경제학》에서도 탁월한 시각을 담은 해설의 글을 썼다.

버블 경제학

2판 1쇄 인쇄 2023년 1월 26일
2판 1쇄 발행 2023년 2월 3일

지은이 로버트 쉴러
옮긴이 정준희

발행인 양원석 **책임편집** 신성종
디자인 남미현, 김미선 **영업마케팅** 양정길, 윤송, 김지현

펴낸 곳 ㈜알에이치코리아
주소 서울시 금천구 가산디지털2로 53, 20층 (가산동, 한라시그마밸리)
편집문의 02-6443-8856 **도서문의** 02-6443-8800
홈페이지 http://rhk.co.kr
등록 2004년 1월 15일 제2-3726호

ISBN 978-89-255-7702-9 (03320)